Maxime Du Camp

Les Hospices de Paris

Histoire

ISBN : 978-1720669425

10 9 8 7 6 5 4 3 2 1

Maxime Du Camp

Les Hospices de Paris

Histoire

Table de Matières

I. — Les enfants assistés

Entre la population indigente de Paris et celle qui peut subvenir à ses besoins journaliers, il y a une catégorie assez nombreuse d'individus qui, tout en possédant quelques ressources, ne pourraient cependant échapper aux difficultés de la vie, s'ils ne trouvaient asile dans certaines maisons spécialement destinées à les recevoir. Ces maisons de retraite, désignées sous le titre général d'hospices, relèvent de l'assistance publique et sont au nombre de sept. La plupart étaient jadis situées à Paris ; mais depuis quelques années l'administration les a rejetées autant que possible hors de l'enceinte des fortifications, mesure excellente qui lui permet de donner à ses pensionnaires les avantages hygiéniques de la vie de campagne, et d'échapper aux droits d'octroi dont sont frappées toutes les denrées introduites à Paris. S'adressant à des personnes que la misère n'a pas encore réduites à l'indigence, l'hospitalité ici n'est pas toujours gratuite, et, pour en pouvoir profiter, il faut remplir diverses conditions qui varient selon les établissements. Le plus ancien de ceux-ci est l'hospice des Petits-Ménages, fondé en 1557, qui a pris la place de la maladrerie Saint-Germain, affectée jadis aux lépreux et fermée, faute de ressources, en 1544. Il occupait, rue de la Chaise, de vastes bâtiments bien connus dans le peuple de Paris sous le nom de Petites-Maisons ; c'est là qu'on enfermait les épileptiques et les fous. Une ordonnance préfectorale du 10 octobre 1801 l'a consacré exclusivement aux veufs et veuves de soixante ans ayant vécu au moins dix années en ménage, et aux époux qui réunissent cent trente ans d'âge, dont quinze passés en commun. Depuis 1863, la maison a été reconstruite à Issy dans des proportions grandioses, et elle peut passer actuellement pour un hospice modèle. En dehors d'un mobilier déterminé qu'il faut fournir, chaque pensionnaire doit payer par année une somme de 200 fr., s'il est en dortoir, et de 300, s'il est en chambre ; on peut se soustraire à cette obligation par un versement unique de 1,200 francs dans le premier cas et de 1,800 pour le second. Au 31 décembre 1869, la population des Petits-Ménages était de 1,281 personnes âgées de soixante à quatre-vingt-quinze ans.

La maison de retraite de Larochefoucauld, installée à Montrouge, sur la route d'Orléans, doit son nom à la noble et généreuse femme qui la fonda au mois de mars 1791. On n'y est admis qu'à soixante ans révolus ; toutefois un homme de vingt ans perclus de tous ses membres, frappé d'infirmités incurables qui ne sont ni l'épilepsie, ni l'aliénation mentale, ni le cancer, peut y être reçu. La pension annuelle, fixée à 250 francs pour les vieillards valides, est portée à 312 francs 50 centimes pour les infirmes incurables ; les uns et les autres doivent en outre payer une somme de 100 francs, représentant la valeur du mobilier qui leur est fourni. Au 31 décembre 1869, la maison contenait 221 administrés, dont 1 centenaire. — L'hospice de la Reconnaissance, ouvert à Garches en 1833, a été fondé en 1829 par Michel Brezin, ancien forgeron-mécanicien enrichi sous la république et l'empire. L'admission, absolument gratuite, est réservée de préférence aux ouvriers de soixante ans, non repris de justice, qui, dans la vigueur de l'âge, ont travaillé le fer, la fonte de fer et le cuivre. Cet établissement renferme 300 lits ; 236 étaient occupés au commencement de l'année. — A la maison Chardon-Lagache, qu'on a élevée à Auteuil, près du hameau Boileau, en vertu d'un acte authentique du 25 mai 1861, la pension est de 400 fr. pour les individus isolés, et de 350 francs pour chacun des époux vivant en ménage ; les uns doivent apporter avec eux un mobilier, les autres verser une somme de 200 francs, équivalant à celui que l'assistance met à leur disposition. L'âge de soixante ans est exigé, comme dans les hospices du même genre ; la maison est grande, et comptait 144 pensionnaires au 31 décembre dernier. — La maison Devillas porte le nom d'un ancien négociant qui la fonda en 1832 rue du Regard, où elle fut inaugurée le 25 juillet 1835. On y reçoit gratuitement des vieillards de soixante-dix ans ou des infirmes indigents ; 43 individus des deux sexes y étaient en hospitalité au 1er janvier 1870. — Saint-Michel, qui a tout à fait l'air d'une maison de campagne, a été fondé en 1825 et ouvert le 24 août 1830, à Saint-Mandé, grâce aux libéralités d'un ancien tapissier nommé Boulard. Celui-ci l'a réservé à douze vieillards âgés de soixante-dix ans au moins et présentés par les bureaux de bienfaisance ; mais malgré la gratuité de l'admission, malgré la proximité attrayante du bois de Vincennes, a fait croire qu'on ne s'empresse pas d'y entrer, car au commencement de cette année on n'y voyait que 5 pensionnaires, tous atteints d'infirmités.

Parmi ces hospices, il en est un qui est presque célèbre ; il est luxueux, si on le compare aux autres. Il représente plutôt une pension bourgeoise très comfortable qu'une maison ouverte aux abandonnés de la fortune ; on a tout fait pour lui enlever le caractère un peu triste qui se remarque dans les établissements analogues, et son nom même indique avec quel soin on a évité ce qui pourrait donner l'idée d'asile ou de secours : on l'appelle l'Institution Sainte-Périne. L'idée première en appartient à Chamousset, dont le nom se trouve mêlé à toutes les bonnes œuvres, à toutes les inventions utiles du XVIIIe siècle.[1] Elle resta d'abord sans effet et ne fut reprise qu'au commencement du siècle par deux spéculateurs, Gloux et Duchayla, qui, dans un établissement de bienfaisance, ne virent qu'un moyen de faire fortune. Ils intéressèrent l'empereur et l'impératrice Joséphine à leur projet, et organisèrent une maison de retraite dans l'ancien couvent de Sainte-Périne, à Chaillot. Ce grand hospice, placé au milieu de très vastes jardine, fut immédiatement adopté par la plupart des personnes âgées que la révolution avait ruinées, et qui cependant avaient conservé des ressources suffisantes pour acquitter la pension annuelle. L'incurie, — pour ne pas dire plus, — des administrateurs était telle que pendant plusieurs mois de 1807 l'empereur envoyait aux pensionnaires des vivres préparés pour eux aux cuisines des Tuileries. Sans cette précaution vraiment extrême, ils eussent été exposés à mourir de faim. Aussi un arrêté du ministère de l'intérieur, en date du 13 novembre 1807, autorise le préfet de la Seine à s'emparer de 4a direction de Sainte-Périne au nom du conseil général des hospices. Depuis ce temps, et malgré de nombreux procès que les sieurs Gloux et Duchayla intentèrent à l'administration municipale, l'institution fonctionna avec régularité. Elle recueillit bien des existences qui avaient eu leurs jours de grandeur, et plus d'un haut personnage put, grâce à cet asile, éviter les humiliations de la charité publique. Le vieux couvent de Chaillot, atteint par le percement de deux boulevards, a été détruit et remplacé en 1802 par une ample maison construite à Auteuil dans un parc de 78,651 mètres. C'est le Louvre des hospices, et l'on n'y reçoit que l'aristocratie de la pauvreté. L'article 1er du règlement spécial est formel. « L'institution de Sainte-Périne est destinée à venir en aide, sur la fin de leur carrière, à d'anciens fonctionnaires, à des veuves d'employés, à des personnes qui ont

---

1 J'ai raconté en son temps que Chamousset fut l'inventeur de la petite poste aux lettres de Paris. — Voyez la *Revue* du 1ᵉʳ janvier 1867.

connu l'aisance et sont déchues d'une position honorable. On y est admis à partir de l'âge de soixante ans révolus. » La pension est de 850 francs, indépendamment d'une somme annuelle de 100 francs, destinée à représenter la valeur du mobilier et du trousseau. — De 268 lits que cette maison contient, 259 étaient occupés à la fin de l'année dernière.

Tels sont les différents établissements dont l'assistance publique dispose pour les privilégiés de l'indigence ; mais l'administration se trouverait dans un cruel embarras, si ses ressources hospitalières réservées aux vieillards et aux infirmes se bornaient aux sept maisons que je viens de citer. En présence du chiffre énorme d'individus frappés par des maux incurables, par les infirmités de la vieillesse, par la misère absolue, il faut de vastes hospices, une bienfaisance très active, une gratuité d'admission que nulle restriction ne puisse atteindre. A toutes les épaves que notre civilisation rejette sans cesse, il faut ouvrir des ports de refuge où le vieillard puisse du moins attendre en paix la dernière heure, où l'enfant puisse s'armer pour le grand combat de l'existence. Ceux qui naissent et ceux qui meurent dans la misère appartiennent de droit à l'assistance publique ; l'extrême enfance, l'extrême vieillesse, c'est-à-dire les deux débilités par excellence, les deux âges impuissants, réclament et éveillent toute sa sollicitude.

Les peintres de la renaissance ont souvent symbolisé la charité sous la forme d'une femme laissant monter des grappes de nourrissons vers ses larges mamelles gonflées de lait. Notre assistance publique fait plus et fait mieux : si d'une main elle attire les enfants, de l'autre elle appelle et soutient les vieillards. Elle n'aurait qu'à compulser les registres où elle inscrit ses états civils pour constater que ce même vieillard auquel elle vient de fermer les yeux, elle l'a secouru dans la force de l'âge, elle l'a soigné dans sa jeunesse, elle l'a recueilli enfant dans la rue, où sa mère l'avait abandonné. Afin de sauver les enfants, elle a accepté et singulièrement agrandi l'héritage de saint Vincent de Paul ; afin de donner un dernier abri aux pauvres vieillards à bout de voie, elle a modifié et assaini les sombres geôles de Bicêtre et de la Salpêtrière. A la place de ces lieux d'horreur où le châtiment était aussi cruel que le crime, elle a installé l'hospice de la vieillesse pour les hommes et l'hospice de la vieillesse pour les femmes. Ces deux établissements et celui des enfants assistés constituent un service d'hospitalité très fécond dans ses résultats et curieux à étudier avec quelque détail.

I

Au portail de plus d'une église du moyen âge, sur le pilier qui ordinairement sépare les deux portes d'entrée, on peut remarquer une large coquille en pierre qui semble placée là comme un lavabo rappelant les purifications que chaque fidèle devait faire avant de pénétrer dans la maison du Seigneur. Ce n'était point un bénitier, ainsi qu'on pourrait le croire ; c'était un berceau permanent destiné à recevoir l'enfant abandonné qu'on apportait furtivement pendant les dernières heures de la nuit et que l'on confiait à l'église, qui alors, remplissant le rôle de mère universelle, arrachait les accusés à la justice et recueillait les orphelins délaissés. A Paris plus que partout ailleurs, le nombre de ces pauvres petites créatures remises aux soins de la charité publique fut toujours considérable, et le dimanche, pendant les offices, les nourrices qui les avaient acceptées les exposaient à Notre-Dame dans une sorte de vaste berceau où l'on jetait des aumônes. On les appelait « les pauvres enfants trouvés de Notre-Dame. » Le premier acte qui en fait spécialement mention porte la date du 2 septembre 1431 ; c'est le testament par lequel Isabeau de Bavière, qui devait avoir une commisération particulière pour les enfants abandonnés, leur laisse une somme de 8 sols parisis. Plus tard, au XVIe siècle, les nourrices s'assoient devant la principale porte de la cathédrale sur une sorte de lit de camp garni de paille, et, tenant leurs nourrissons entre les bras, sollicitent pour eux la générosité des passants. C'est vers cette époque qu'une première institution sérieuse devient le point de départ du système qui, se complétant au fur et à mesure des progrès accomplis par la philosophie et l'économie politique, est devenu ce que nous le voyons aujourd'hui. En 1536, Marguerite de Valois, sœur de François Ier, ouvrit au Marais, près du Temple, dans la rue Portefoin, une maison spécialement destinée à recevoir les orphelins trouvés au parvis Notre-Dame. On les appelait d'abord les « enfants-Dieu ; » mais la couleur de leur vêtement les fit surnommer les « enfants rouges, » et le nom a subsisté jusqu'en 1772, époque où cet hospice fut supprimé.

L'exemple avait été donné, il fut suivi, et en 1545 le parlement attribua au logement de 136 orphelins, — 100 garçons et 36 filles, — l'hôpital de la Trinité, situé au coin de la rue Saint-Denis et de la rue Grénetat, et où les confrères de la Passion avaient joué leurs premiers mystères. Les pensionnaires de ce nouvel asile furent nommés les « enfants bleus ; » ils assistaient aux enterrements des personnes nobles, riches ou notables, et y recevaient quelques aumônes en argent ou en nature qui servaient à leur entretien. De telles ressources étaient illusoires, et les pauvres petits, dès qu'ils pouvaient se traîner sur leurs jambes, s'en allaient mendier par les rues pour obtenir de quoi ne pas mourir de faim. Lorsqu'ils avaient grandi, qu'ils se sentaient doués d'agilité et d'adresse, ils ajoutaient les chances du vol à celles de la mendicité, et plus d'un enfant qui avait vagi sur le lit de bois de Notre-Dame terminait sa vie en faisant laide grimace en haut d'un gibet. Le parlement s'émut de cet état de choses qui menaçait de devenir de plus en plus douloureux. Pour en diminuer la gravité, il imposa, le 13 août 1552, aux seize seigneurs ecclésiastiques justiciers qui seuls avaient action sur tous les ressorts de Paris, l'obligation de subvenir à l'entretien des enfants trouvés sur leur justice respective, et à cet effet les frappa d'une taxe annuelle dont le produit total était de 960 livres. C'était établir, selon les usages du temps, le domicile de secours que la loi du 24 vendémiaire an II devait fixer plus tard. Alors l'évêque de Paris fonda, pour recevoir les enfants abandonnés sur son territoire, une maison qu'on nomma la *Couche*, et qu'on éleva entre Saint-Christophe et Sainte-Geneviève-des-Ardens, sur l'emplacement occupé aujourd'hui en grande partie par le *bureau central*. Ce qui se passait là n'est pas croyable, Comme les ressources dont l'établissement disposait étaient fort limitées, les places y étaient tirées au sort, et les enfants que la fortune n'avait point favorisés étaient rejetés sur le pavé aux hasards de la faim, du froid et de la mort. De plus on y tenait littéralement magasin d'enfants, et l'on en faisait trafic. La marchandise humaine ne coûtait pas cher, un enfant se vendait 20 sous : c'était un prix fixe. A qui vendait-on ces pauvres êtres ? A des nourrices qui, ayant laissé mourir leur nourrisson, voulaient le remplacer, — à des mendiants qui cherchaient un jeune acolyte pour émouvoir Les cœurs charitables, — à des bateleurs qui, choisissant les plus énergiques et les plus forts dans cette mièvre population, leur disloquaient les membres pour en faire des acrobates, — à des faiseurs de sortilèges, — enfin a des chercheurs de la poudre de projection et de l'élixir de longue vie, qui à leurs drogues ténébreuses aimaient à mêler le sang des enfants encore purs. Cela dura longtemps, jusqu'au jour où Vincent de Paul, voyant un misérable déformer un enfant afin d'en faire un objet de compassion propre à attirer les aumônes, conçut l'idée de la grande institution hospitalière à laquelle son nom est attaché pour jamais, et qui mieux que toutes ses œuvres de piété en a fait un saint réellement populaire et vénéré.

Ce fut en 1638 qu'entraînant Mme Legras, sœur du garde des sceaux Marillac, et Elisabeth Lhuillier, femme du chancelier d'Aligre, il chercha et recueillit les enfants qu'on abandonnait sous le porche des églises, sous le portail des hôtels, à l'angle des rues fréquentées, dans les jardins publics et sur les ponts. Il les établit dans une maison située près de la porte Saint-Victor ; mais là aussi les places étaient trop peu nombreuses, et l'on avait recours au sort pour déterminer ceux qui les occuperaient. Louis XIII et Anne d'Autriche s'intéressèrent à l'œuvre naissante, et de 1641 à 1644 affectèrent au nouvel hôpital une rente de 12,000 livres. La maison de la porte Saint-Victor étant devenue insuffisante, Vincent de Paul transporta toute sa vagissante colonie à la maison Saint-Lazare, qu'il venait de fonder dans le vaste enclos situé à proximité de la ville, en haut du faubourg Saint-Denis.[1] Malgré les efforts du fondateur, l'œuvre périclitait ; elle allait périr lorsque Vincent de Paul prononça, en 1648, devant les dames de la cour le sermon resté célèbre. « Or sus, la compassion et la charité vous ont fait adopter ces petites créatures pour vos enfants… Voyez maintenant si vous voulez ainsi les abandonner pour toujours ;… il est temps de prononcer leur arrêt et de savoir si vous ne voulez plus avoir de miséricorde pour eux. Les voilà devant vous. Ils vivront, si vous continuez d'en prendre un soin charitable, et, je vous le déclare devant Dieu, ils seront tous morts demain, si vous les délaissez… » L'effet fut si profond que séance tenante on souscrivit plus de 40,000 livres de rente au profit exclusif des enfants trouvés : l'œuvre était définitivement fondée. La reine-mère, voulant y concourir, lui abandonna le château de Bicêtre ; mais l'air y était d'une acuité

---

1 C'est aujourd'hui la maison de détention pour les femmes.

redoutable, et les enfants mouraient comme s'ils eussent été frappés de contagion. On fut forcé de les ramener au faubourg Saint-Denis.

Par un arrêt du parlement rendu le 3 mai 1667, confirmé le 10 novembre 1668 et rappelant celui du 13 août 1552, la somme que les seigneurs justiciers devaient payer annuellement pour l'entretien des enfants trouvés de Paris fut portée à 15,000 livres ; de plus des lettres-patentes de juin 1670 érigèrent en hôpital la maison des Enfants-Trouvés et la firent entrer dans la grande institution qu'on appelait alors l'hôpital général. Cette mesure équivalait à ce que nous nommons aujourd'hui un décret en reconnaissance d'utilité publique. Dès lors l'établissement prospéra, et fut assuré de ne point périr faute de ressources, comme il en avait été si longtemps et si souvent menacé. Il était devenu assez considérable pour qu'on fût obligé de le dédoubler ; Saint-Lazare, exclusivement consacré au chef-lieu de l'ordre des lazaristes, avait été abandonné par les enfants pour lesquels on avait acquis en 1674, dans le faubourg Saint-Antoine, les terrains où s'élève actuellement l'hôpital Sainte-Eugénie, qui n'a point perdu les traditions de son origine, car il est consacré au traitement des enfants malades. La *Couche* de Notre-Dame subsistait toujours, on voulut l'agrandir. En 1672 et en 1688, on loua d'abord, on acheta ensuite trois petites maisons qui appartenaient à l'Hôtel-Dieu ; on les répara, on les modifia, et l'on en fit le lieu de dépôt, l'hospice des Enfants-Trouvés, qui y restaient provisoirement jusqu'à ce qu'ils fussent en état d'être transportés aux *Orphelins* du faubourg Saint-Antoine. Il faut croire que lorsque l'institution fut mieux connue du peuple de Paris et des villes voisines, on en profita largement, car le 3 mai 1720 le régent accordait à l'hôpital des Enfants-Trouvés une loterie « à 20 sols le billet, avec bénéfice de 15 pour 100, pour aider à soutenir cet hôpital, pour l'entretien de ces enfants, dont le nombre augmente tous les jours.[1] » Cette mesure n'eut rien de transitoire ; un arrêt du conseil en date du 30 mai 1776 réunit la loterie des Enfants-Trouvés à la loterie royale de France, récemment instituée. Tous les gouvernements qui se sont succédé en France depuis la création de l'œuvre ont tenu à honneur de la soutenir et de l'encourager par les moyens un peu empiriques, mais néanmoins très sérieux, dont on

---

1 *Journal de Buvat*, II, p. 240.

disposait alors.

En 1747, on voulut déblayer la place du parvis Notre-Dame, qui était singulièrement encombrée par des masures et par des chapelles, ex-voto du moyen âge que rendait inutiles la proximité de l'immense cathédrale. On démolit l'église Saint-Christophe, dont le chevet se trouvait au débouché de la rue Saint-Pierre-aux-Bœufs, remplacée par la rue d'Arcole, — l'église Sainte-Geneviève-des-Ardens, qui faisait face au jardin actuel de l'Hôtel-Dieu, — enfin le groupe de maisons qui constituait la Couche, et l'on chargea Boffrand de construire un hôpital pour les enfants trouvés. L'année suivante, l'édifice était terminé ; il existe encore, il a servi de chef-lieu à l'assistance publique, contient le bureau central, forme depuis 1867 une annexe à l'Hôtel-Dieu, et disparaîtra quand le nouvel hôpital central sera inauguré. Plus l'on faisait d'efforts pour élever ces enfants, leur donner les soins qu'ils auraient dû trouver dans leur famille, plus les délaissements se multipliaient. Ce fait, que tous les documents prouvent avec évidence, émut Necker. « On ne peut, dit-il en 1784, dans son livre de l'*Administration des finances*, se défendre d'un sentiment pénible en observant que l'augmentation des soins du gouvernement pour sauver et conserver cette race abandonnée diminue le remords des parents et accroît tous les jours le nombre des enfants exposés. » L'hôpital avait parfois des bonnes fortunes singulières. Le 2 février 1786, raconte Bachaumont, un M. de Challet, fermier-général sans enfants, avait adopté une petite fille trouvée qui devint plus tard Mme de Ville, et à laquelle, après la mort de sa femme, il remit une somme de 100,000 écus provenant de l'héritage de celle-ci. Mme de Ville, reconnaissante des soins qu'on avait pris d'elle dans la maison hospitalière qui l'avait recueillie, employa cette grosse somme à fonder une rente annuelle de 15,000 livres au profit de l'œuvre établie par saint Vincent de Paul.

La révolution, en brisant les privilèges sur lesquels était assise en grande partie la fortune des enfants abandonnés, se trouva en face de difficultés très graves ; elle les envisagea avec calme et les accepta courageusement. Tous les hospices, tous les hôpitaux, furent autorisés à recueillir les enfants trouvés ; le trésor national devait se charger des frais de leur entretien. La constitution de 1791 proclame hautement pour la nation le devoir de les élever ; la loi du 28 juin 1793 dit : « La nation se charge de l'éducation morale et physique des enfants trouvés ; ils seront désormais désignés sous le nom d'orphelins ; toute autre dénomination est interdite. » Avec une grande habileté et pour diminuer les dépenses de l'état, la même loi promet des secours et « le secret le plus inviolable » aux filles-mères qui voudront allaiter leur enfant. Le 4 juillet 1793, on va plus loin, et l'on dépasse le but. A force de vouloir rompre avec le passé, qui imprimait une note d'infamie au fils illégitime, les législateurs de la convention semblent donner un encouragement à la débauche, car la loi qu'ils édictent promet aux filles-mères que leurs enfants seront indistinctement adoptés, et qu'on les appellera désormais les enfants de la patrie. L'état misérable du trésor, dépouillé d'espèces métalliques et gorgé d'assignats illusoires, ne permit pas à un tel projet de sortir en réalité du domaine de la théorie. Il y eut cependant un commencement d'exécution : par décret du 7 ventôse an II, les enfants de la patrie furent installés au Val-de-Grâce ; mais dès le 10 vendémiaire un nouveau décret les fit transporter dans les bâtiments de Port-Royal et dans ceux de l'Institut de l'Oratoire. Les anciens hospices des enfants trouvés formèrent ainsi deux sections : la première, appelée la Bourbe et réservée aux filles-mères, aux femmes indigentes arrivées au dernier terme de leur grossesse, la seconde consacrée aux enfants assistés.

Non-seulement les enfants abandonnés à Paris étaient portés à l'hospice de la rue d'Enfer, mais on y envoyait sans vergogne ceux des départements, et il existait des courtiers en abandon d'enfants. Ces hommes recueillaient dans les villages et dans les villes les enfants dont les mères refusaient de se charger ; ils les emballaient, c'est le mot, dans une caisse matelassée qui se portait sur le dos à l'aide de bretelles ; les enfants y étaient placés debout, et leur tête dépassait de façon qu'ils pussent respirer et ne point étouffer dans ces boîtes, que, par une ironie effroyable, les paysans appelaient des « purgatoires ; » chaque boîte contenait trois enfants. Ainsi chargé, l'homme se mettait en marche, quelque temps qu'il fit, pluie ou grêle, neige ou soleil, s'arrêtant seulement pour prendre ses repas et donner de loin en loin un peu de fait aux pauvres créatures. Parfois, bien souvent, un enfant mourait en chemin ; on n'avait point le loisir de remplir des formalités minutieuses, on jetait le frêle cadavre dans un fossé, on le recouvrait d'un peu de terre, et l'on continuait sa route. Arrivé devant l'hôpital, l'homme glissait les enfants dans le tour, et se hâtait de retourner « au pays » chercher de nouvelles victimes, car cet emploi était « son gagne-pain. » Mercier a vu 200 enfants couchés sur deux rangs dans la même salle ; une nourrice suffisait à deux nourrissons. Ils étaient bien mal soignés, les pauvres petits, et ne luttaient pas longtemps contre la dure existence qu'on leur faisait. Dulaure, qui, si souvent inexact en matière de dates, est presque toujours bien renseigné quand il s'agit de chiffres, déclare qu'en 1797, sur 3,716 enfants reçus à l'hospice, 3,108 sont morts dans l'année. Si excessive qu'elle soit, cette mortalité n'a rien d'invraisemblable ; à la même époque, on constate que sur 108 enfants envoyés en nourrice en Normandie, il en est mort 101 ; enfin, de nos jours, l'enquête de 1860 n'a-t-elle pas prouvé que la mortalité des enfants assistés est de 87 pour 100 dans la Seine-Inférieure, et de 90 pour 100 dans la Loire-Inférieure [1] ?

En 1814, la Bourbe et la maison des Enfants-Trouvés furent séparées en deux services distincts, qui aujourd'hui encore n'ont plus rien de commun. La vieille maison de Port-Royal est devenue la Maternité, et la maison des oratoriens est restée l'hospice des Enfants-Trouvés, ou pour mieux dire des Enfants-Assistés, car c'est ainsi qu'on les désigne administrativement. Une loi du 27 frimaire an V, un arrêté directorial du 30 ventôse de la même année, un décret impérial du 19 janvier 1811, ont définitivement organisé le service des enfants recueillis par la charité publique. En fait, on ne doit les laisser séjourner à Paris, dans l'hospice de la rue d'Enfer, que le moins longtemps possible ; on les confie à des nourrices de province, à des cultivateurs. On développe chez eux le goût de la vie des champs, on cherche à les attacher à l'agriculture, qui, en France, manque trop souvent de bras. Pour la conscription, ils sont soumis à la loi commune et non pas tous forcément destinés au métier de soldat, comme le voulait Napoléon Ier. De l'heure où ils ont été confiés à l'administration jusqu'au jour où ils ont atteint leur vingt et unième année, ils vivent sous la direction immédiate de l'assistance publique, qui a sur eux toute l'autorité que la loi confère aux tuteurs. La tutelle est très prévoyante et très active,

---

1 *La Mortalité des nouveau-nés*, par Léon Le Fort. Voyez la *Revue* du 15 mars 1870.

la surveillance est sérieuse dans les quarante-six arrondissements provinciaux où l'on entretient des enfants assistés ; elle s'exerce par 2 inspecteurs principaux, par 25 sous-inspecteurs, par 278 médecins rémunérés, par les curés et par les agents du pouvoir municipal. Le nombre de ces malheureux, élevés, soutenus, protégés par l'assistance publique, est considérable. En 1869, il était de 25,486, dont 16,845 âgés d'un jour à 12 ans, et 9,001 de 12 à 21 ans ; sur ce total, on comptait 13,116 garçons et 12,370 filles.

L'hospice n'est en réalité qu'un lieu de dépôt essentiellement transitoire ; l'enfant qu'on y apporte part avec une nourrice aussitôt que sa santé lui permet de supporter le voyage, et il n'y revient que dans des cas de maladie fort grave, lorsque les soins qu'il reçoit au dehors sont insuffisants, ou lorsque son esprit d'insubordination réclame une discipline plus sévère. On hâte autant que possible le départ de l'enfant pour la campagne, car on a reconnu que le séjour de l'hospice lui était funeste pendant les premiers mois. C'est depuis 1861, à la suite de douloureuses expériences, que l'on s'est arrêté à ce parti, qui, jusqu'à présent du moins, a donné de bons résultats. Il est facile d'en juger en comparant les chiffres suivants ; en 1868, l'hospice admet 5,322 enfants et en perd 1,211 ; en 1859, les admissions sont de 5,368, et les décès de 1,035 ; — en 1868, sur 5,603 enfan6 ayant séjourné à l'hospice, il en meurt 442 ; en 1869, les entrées s'élèvent à 6,009, et les décès ne comptent que pour 495. C'est là un progrès très sensible qui donne en moyenne une mortalité de 7.89 pour 100 ; celle qui frappe les enfants envoyés à la campagne est encore considérable : sur 21,147, il en est mort 1,785.

Quelle que soit la surveillance exercée sur les nourrices, elle ne peut être incessante, et il est bien difficile d'apprendre à des filles de campagne, imbues par tradition des idées les plus sottes et les plus antihygiéniques, qu'il ne faut pas bourrer les nourrissons d'aliments solides auxquels leur très faible estomac est rebelle. Combien parmi ces créatures ordinairement rapaces et stupides n'en existe-t-il pas qui, aujourd'hui encore tout comme au temps de Rousseau, pendant qu'elles vont aux champs ou à la ville, accrochent l'enfant à un clou sous prétexte que c'est le bon moyen d'éviter qu'il ne roule hors de son berceau ! Ainsi suspendu, le pauvre être se démène, s'agite, pleure et s'endort de fatigue, épuisé, énervé, oppressé par tant de larmes et d'efforts. Quelques-unes ont plus de malice encore, et, pour empêcher « le petit » de crier, elles lui donnent à sucer un nouet imprégné de laudanum ou d'une décoction de tête de pavot. Si avec un tel régime l'enfant ne meurt pas, c'est un miracle. Tout a été dit ici et ailleurs sur ce sujet, il n'y a plus à y revenir. On a constaté que l'allaitement artificiel était redoutable pour l'enfant, l'allaitement mercenaire ne vaut guère mieux ; les tables de mortalité en donnent tous les ans des preuves singulièrement douloureuses et convaincantes.

Parmi les 6,009 enfants reçus en 1869 à l'hospice des Enfants-Assistés, 4,260 seulement ont été abandonnés ; les autres, 1,749, n'ont été que déposés momentanément pendant que leurs parents ou les personnes qui en prenaient soin étaient à l'hôpital ou en prison. Le nombre des abandons a été à peu près le même pour les huit derniers mois de l'année, il a varié entre 365 pour mai et 310 pour août, qui correspond à décembre, un mois froid, désagréable, obscur et pluvieux pendant lequel on ne sort guère, où les ressources ménagées sont absorbées par les exigences du chauffage et de l'éclairage. Les quatre premiers mois au contraire sont très chargés : janvier 371, février 408, mars 428, avril 383 : ils correspondent aux longues journées, au printemps, à l'été, à mai, juin, juillet, août, aux parties de campagne, aux dîners sur l'herbe, aux promenades dans les forêts voisines de Paris, à toutes les sollicitations de la nature et de la jeunesse. Autrefois la vieille maxime de saint Vincent de Paul, que la charité doit ouvrir les bras et fermer les yeux, était largement pratiquée ; l'abandon pouvait être non-seulement secret, mais absolument mystérieux. Un tour, qui existe encore, quoiqu'il ne serve plus, s'ouvrait près de la porte de l'hospice ; on y déposait l'enfant, on tirait une sonnette d'appel, le tour pivotait sur lui-même, et la maison hospitalière prenait l'enfant sans même chercher à s'enquérir de son origine. Aujourd'hui il n'en est plus ainsi ; à la suite de longues discussions auxquelles ont pris part toutes les autorités intéressées, le tour a été supprimé par la raison qu'il était une sorte d'encouragement à l'abandon ; cette suppression, que je crois regrettable, a peut-être amené bien des infanticides et bien des avortements, mais du moins elle a permis, dans le plus grand nombre de cas, d'établir un état civil régulier pour les enfants. On sait donc d'où ils viennent, et l'on peut constater que les vingt arrondissements de Paris les envoient dans des proportions très différentes. Le nombre de naissances des enfants abandonnés est presque toujours en rapport avec le genre de population. Si le seizième arrondissement, qui comprend Passy et Auteuil, qui renferme beaucoup de petits bourgeois tranquilles, n'a envoyé que 43 enfants, — si le septième, qui a les ministères, l'hôtel des Invalides et un grand nombre de couvents, n'est compté que pour 58, — si le second, qui est exclusivement composé de quartiers riches, n'en fournit que 83, nous trouvons en revanche des chiffres très élevés dès que nous passons au quatrième, où s'enchevêtre le réseau des rues mal famées qui avoisinent encore l'Hôtel de Ville, 390, — au sixième, où vit la jeunesse des écoles, 442, — au dixième, qui, comprenant les faubourgs Saint-Martin et du Temple, donne asile à un grand nombre d'ouvriers, 623 ; — enfin nous arrivons au total vraiment considérable de 805 dans le quatorzième, qui, s'allongeant entre la Chaussée-du-Maine et le boulevard d'Enfer, abrite une population composée en partie d'artistes inférieurs, de bateleurs, d'ouvriers sans ouvrage et de coureurs de barrières. Ce ne sont point positivement des marquises et des duchesses qui abandonnent leurs enfants, on peut le croire, et les femmes qui ont ce triste courage appartiennent presque toutes aux plus humbles conditions sociales. Les plus nombreuses sont, — à Paris surtout, où la domesticité est une école permanente de démoralisation, — les servantes et les cuisinières, qui entrent dans la statistique générale pour 1,398. Viennent ensuite les couturières, 917, et les journalières, 418 ; mais des études suivies m'ont prouvé que toutes les fois qu'une femme de mauvaises mœurs est arrêtée en flagrant délit de prostitution clandestine et qu'on lui demande son état, elle ne manque pas, selon qu'elle est plus ou moins jeune, de se dire couturière ou journalière. C'est donc, pensons-nous, à la charge des filles insoumises qu'il faut mettre le chiffre de 1,335, auquel on peut aussi sans risque d'erreur ajouter le contingent de celles qui ont des professions non déterminées, 520, et de celles qui n'ont pas de profession du tout, 135, ce qui donne un total de 1,990 enfants abandonnés par des femmes vivant de débauche. Parmi les corps d'état désignés, le plus réservé est celui de parfumeuse, qui s'arrête au faible chiffre de 3. Le tableau des « causes d'abandon [1] »

1 La principale cause d'abandon, celle qu'on invoque presque toujours, est l'indigence, ou du moins l'impossibilité de subvenir à l'entretien de l'enfant ; 3,321 fois, ce motif a été donné par les mères elles-mêmes ; 340 fois, on a constaté le décès de la

est sinistre à étudier ; la lâcheté de l'homme y apparaît dans toute sa laideur ; c'est la femme seule, la mère, qui porte tout le poids ; pour elle seule sont la souffrance et la honte. Le mystère tient sa place dans ce lugubre tableau, et l'on peut se livrer à bien des conjectures romanesques en voyant que 24 abandons ont eu lieu parce que la mère était dans la nécessité de cacher la naissance de son enfant.

II

Il faut qu'une mère ait une résolution bien fortement chevillée dans l'âme pour oser franchir le seuil de cette maison où son enfant va disparaître à jamais. Dans le premier bureau, qu'on peut sans hésiter comparer au greffe d'une prison, un commis-secrétaire est installé en permanence derrière une table en bois de chêne ; la pièce est bien éclairée, située au rez-de-chaussée et munie d'une sorte de lit de camp garni de toile cirée, posé au-dessous d'un crucifix que je voudrais voir remplacé par le Christ accueillant les enfants, *sinite parvulos ad me venire*. Pendant que j'étais là, compulsant des registres, une femme entra. Elle était fort jeune, dix-neuf ans à peine, médiocrement jolie, le nez en l'air, la bouche trop fendue, des yeux bleus très doux : un type de Parisienne à la fois sentimentale et gouailleuse. Elle sanglotait et tenait dans ses bras un enfant âgé d'une dizaine de jours environ, embéguiné d'un joli bonnet de dentelles à faveurs roses. Elle s'assit ou plutôt se laissa tomber sur une chaise, et dit : « Voilà ma petite fille, je ne puis pas la garder, je vous l'apporte. » Par une sorte de geste machinal de la main, elle essuyait violemment ses yeux inondés de larmes ; ses doigts laissaient de longues traces grises et humides sur son visage parsemé de taches de rousseur. Les hoquets secouaient sa voix ; tout à coup elle s'interrompit, retira son soulier, l'agita pour en faire tomber du sable qui la gênait, et se reprit à pleurer. On la questionna. « Pourquoi abandonnez-vous votre enfant ? — Je ne gagne que 20 sous par jour, je n'ai pas de quoi le nourrir. » Pendant ce temps, la petits fille s'étant mise à crier, elle la retourna et lui tapota le dos. Le commis remarqua la netteté, l'adresse de ce geste, qui dénote des habitudes maternelles acquises, et aussitôt il lui dit :

---

mère ; 230 fois, elle a disparu, elle s'est sauvée devant la responsabilité qui lui incombait ; 115 fois, on s'est trouvé en présence d'infirmités si graves que la malheureuse était hors d'état de garder son enfant.

« Vous avez plusieurs enfants ? — Oui, monsieur, j'en ai un autre, un garçon, à la maison. — Quel est le père ? » Elle hésita un peu et répondit : « Un soldat. » L'interrogatoire réglementaire et formulé d'avance sur une feuille imprimée commença. On lui demanda les noms de l'enfant, le lieu, la date de sa naissance, s'il était baptisé, s'il était légitime ou naturel. A la question : « Vous a-t-on dit que vous ne pourriez avoir de ses nouvelles que tous les trois mois, et que jamais vous ne sauriez où il est ? » Elle courba les épaules, inclina la tête, se tassa sur elle-même comme si un poids trop lourd l'avait accablée, et ses sanglots redoublèrent. Quand toutes les réponses eurent été inscrites, on lui passa la plume pour signer le procès-verbal, elle déclara, qu'elle ne savait pas écrire. Le commis tira un cordon de sonnette, et bientôt une fille de service apparut ; elle prit l'enfant, l'étendit sur le lit de camp, vérifia le sexe, et dit : « Une petite fille. » A ce moment, la mère se jette à genoux, saisit son enfant, l'embrasse avec transport, et restait penchée, collée sur sa fille comme si elle eût voulu ne jamais s'en séparer. Le commis se leva, vint à la femme, et lui dit avec ce flegme que donne l'habitude du même spectacle souvent répété : « Si cela vous fait tant de peine d'abandonner cet enfant, pourquoi ne le gardez-vous pas ? » Elle se redressa d'un bond, passa sa manche sur son visage tuméfié, ne se retourna même pas, poussa la porte et s'enfuit. Je demeurai stupéfait ; le commis me regarda et me dit : « C'est toujours comme ça ! »

Oui, « c'est toujours comme ça, » lorsque c'est la mère elle-même qui fait l'abandon, car elle se trouve tirée entre les mouvements instinctifs de la nature et une résolution irrévocablement prise ; mais les choses se passent bien plus simplement lorsque c'est un intermédiaire désintéressé, une sage-femme par exemple, qui apporte l'enfant. Pour beaucoup de femmes de cette espèce, le nom qu'on leur donne est bien celui qu'elles méritent, *saga* signifie sorcière : plus que d'autres, et par leurs fonctions mêmes, elles sont accoutumées aux œuvres ténébreuses qui déroutent la justice et lui échappent le plus souvent, Ces créatures excellent à épouvanter les pauvres filles qui ont recours à elles à la dernière heure ; elles les effraient sur les suites d'une première faute, les poussent à se débarrasser de leur enfant, et se chargent, moyennant salaire, d'accomplir toutes les formalités imposées. Souvent encore c'est le garçon de bureau d'un commissaire de police qui, tenant entre ses bras un paquet de chinons où s'agite un petit être chétif, vient faire les déclarations requises ; dans ce cas, presque toujours c'est un enfant réellement trouvé qu'il apporte ainsi. En 1869, on en a reçu quatre-vingts de cette catégorie, qui tous avaient été exposés dans des lieux publics, églises, rues, jardins, passages ; l'un d'eux avait été abandonné dans une voiture de place.

Tous les jours, la préfecture de police et les hôpitaux envoient à l'hospice de la rue d'Enfer les enfants dont les parents sont « empêchés, » parce qu'ils ont été écroués en prison ou sont entrés à l'hôpital. J'ai vu arriver « le dépôt » de l'Hôtel-Dieu, c'est-à-dire sept ou huit bambins de tout âge, vêtus, les uns de guenilles, les autres de ces costumes prétentieux, décolletés, qui semblent faits pour des chiens savants ; du reste indifférence absolue sur ces jeunes visages, à peine un sentiment de curiosité éveillé par la vue d'un endroit nouveau. Ces enfants sont gardés à l'hospice jusqu'à ce que les parents aient fini leur temps ou soient guéris. Fréquemment cette hospitalité transitoire est rendue définitive ; lorsque les parents meurent et que nulle âme charitable ne consent à se charger de l'orphelin, on fait administrativement ce qu'on nomme l'abandon, et l'enfant devient jusqu'à sa majorité le pupille de l'assistance publique. Pour reconnaître à première vue les enfants abandonnés et les enfants déposés, on leur donne jusqu'à l'âge de cinq ans un signe distinctif, qui est un collier. Celui-ci est en os, composé de 17 olives blanches, orné d'une médaille d'argent portant à la face l'image de saint Vincent de Paul, au revers le mot *Paris*, et un numéro d'ordre, qui est celui de l'inscription. Ce collier est destiné aux abandonnés ; il est de couleur bleue pour les garçons déposés, de couleur rose pour les filles : de plus, sur le revers de la médaille, au-dessus du numéro matricule, il porte le mot *dépôt*. Pour l'enfant abandonné, on prend une autre précaution : sur une fiche en parchemin, on écrit ses noms et prénoms, la date de sa réception, l'heure, le jour de sa naissance. Cet acte d'état civil, cousu entre deux rubans, tracé à l'aide d'une encre indélébile, est fixé à son bras pendant les premiers jours et est ensuite attaché à la première feuille de son livret distinctif. Le collier est d'invention récente ; autrefois on mettait aux enfants assistés des boucles d'oreilles d'une forme particulière, vieil usage barbare qu'on a bien fait de répudier, car il laissait pour toute la vie une trace que rien ne pouvait effacer.

L'hospice est très vaste ; la vieille maison des oratoriens ne fut plus suffisante lorsqu'on décida en 1836 la réunion des orphelins du faubourg Saint-Antoine aux enfants trouvés de la rue d'Enfer. On l'a agrandie en y ajoutant deux ailes énormes, qui contiennent des classes, des dortoirs larges et convenablement aérés. Les jardins sont magnifiques ; il y a surtout une haute futaie d'ormeaux entourée de gazons verts, où broutent quelques chèvres, qui pourrait rivaliser avec plus d'un parc princier. C'est à côté de ces grands ombrages qu'est situé le gymnase, où les enfants qui sont en âge d'en profiter prennent des leçons de souplesse et d'agilité sous la direction d'un professeur spécial. Malgré cette verdure, malgré l'espace, malgré l'éblouissante propreté qui règne dans tous les appartements, je ne connais pas d'hôpital, de prison plus pénible à visiter que cette maison où la charité et la science réunissent leurs efforts pour élever des enfants malingres. M. Michelet l'appelle « le funèbre hospice ; » il a raison. Lorsqu'on voit des détenus pâtir dans leur triste cellule, lorsqu'on rencontre un vieillard indigent et infirme qui se traîne en béquillant dans les préaux d'un refuge, à l'un et souvent à l'autre on peut dire : Qu'as-tu fait de la vie, et n'as-tu pas aujourd'hui le châtiment des fautes que tu as commises ? mais à ces enfants que peut-on reprocher ? C'est vers ces pauvres êtres si injustement misérables que la charité devrait se tourner avec le plus de largeur et de persistance, car là tout est à sauver, la chair et l'esprit.

Certes ils sont mieux, beaucoup mieux soignés par les filles de service, par les sœurs, par les surveillantes, par les chirurgiens, par les médecins, par les internes attachés à la maison, qu'ils ne l'auraient été chez leurs parents ; le cœur n'en reste pas moins navré en regardant ces orphelins dont le père et la mère ne sont point morts. — Dès qu'ils ont été reçus au bureau d'admission, on les porte à la crèche, pièce immense contenant 85 berceaux et située au-dessus de la chapelle, dont elle a fait partie jadis et dont elle a exactement les dimensions. Sur le linteau de la porte, on lit une inutile inscription : « Mon père et ma mère m'ont abandonné, mais le Seigneur a pris soin de moi. » Pourquoi se payer de lieux-communs et cacher la réalité derrière des mots de convention ? Dans ce cas, le Seigneur s'appelle l'assistance publique et le budget de la ville de Paris. Quand l'homme collectif répare l'injustice de l'homme individuel, il est puéril d'en faire remonter la gloirc jusqu'à la Divinité. Devant une immense cheminée, un lit de camp est placé sur lequel on réchauffe, on change les enfants. J'ai dit que la salle contenait 85 berceaux ; je me suis mal exprimé, ce sont 85 petits lits en fer, montés sur roulettes, et qu'on ne peut faire vaciller au grand préjudice des nourrissons. Il suffit de les voir couchés, presque enfouis dans leur lit abrité d'un rideau blanc, pour reconnaître combien déjà ils ont souffert avant de naître ; ils ont des visages fanés, ridés, sans consistance : Gulliver les prendrait pour des centenaires de Lilliput. Pour allaiter ces pauvres petits jusqu'à ce qu'ils soient nantis d'une nourrice spéciale, on a des nourrices sédentaires qui vivent dans un grand dortoir qu'on voudrait cependant voir plus spacieux. Ces femmes, auxquelles on donne un franc par jour, indépendamment du logement et de la nourriture, sont généralement des filles-mères qui ont perdu ou déjà sevré leur enfant. Une chambre très étroite, trop étroite, forme ce qu'on nomme le quartier des sevrés ; en y entre à neuf mois, ce qui, en bonne hygiène, nous semble singulièrement prématuré. En pénétrant dans cette pièce, on est saisi à la gorge par une insupportable odeur de beurre aigri mêlée à des émanations ammoniacales d'une nature particulière. Les enfants, tout petits et morveux, couverts d'un sarrau de toile bleuâtre, sont assis sur un banc et appuyés contre la muraille. On comprend vite, à les voir, qu'ils vivent déjà sous l'empire d'une certaine discipline. Ils ont de pauvres mines boudeuses, et ils m'ont paru beaucoup trop tranquilles. On a eu beau accrocher à une porte d'armoire un immense polichinelle, ils ne le regardent guère et sourient à peine quand on tire la ficelle qui agite le fantoche. Ils s'ennuient, cela est visible.

L'enfant, qui est la vie nerveuse par excellence, qui a le geste irréfléchi, le mouvement instinctif, pâtit promptement, diminue et s'étiole lorsqu'il est immobile. Les bonnes nourrices le savent bien ; celles de Normandie disent : Il faut *sauter* les enfants ; il faut les *mouver*, disent les Bourguignonnes. Ceux auxquels manque cette gymnastique artificielle, qu'on ne fait point danser sur les bras, qui n'ont jamais vu la « risette » maternelle, qui n'ont point entendu les berceuses naïves et lentes qui les calment et les endorment, qui n'ont pu se rouler à l'aise sur l'herbe des champs ou sur le parquet des chambres, qui sont maintenus dans un repos anormal, ceux-là tombent en mélancolie, se fanent et trop souvent meurent. On cherche un nom scientifique, une cause secrète, peut-être héréditaire, à la maladie qui les a emportés ; il est inutile de se donner tant de peine : ils sont morts tout simplement d'inaction. Or cette activité permanente qui développe les forces de l'enfant, qui lui procure un bon sommeil, qui en un mot lui donne la vie, est-elle possible à l'hospice de la rue d'Enfer ? Non ; le personnel est insuffisant. Il n'a rien de commun, je me hâte de le dire, avec celui des hôpitaux, et les filles de service ne peuvent, sous aucun rapport, être comparées aux infirmières. Ce sont pour la plupart des filles de campagne, des Auvergnates et des Bretonnes, spécialement choisies par les sous-inspecteurs provinciaux des enfants assistés et par eux envoyées à l'hospice de Paris. Elles sont assidues, fort dévouées et forcément désintéressées dans un établissement où les pensionnaires, n'ayant jamais un sou vaillant, ne peuvent rien donner ; mais leur nombre est trop restreint. Chacune en moyenne a dix enfants à soigner, à faire manger, à nettoyer, à changer, à coucher, à endormir. Récemment on a augmenté ce service, et cependant il reste encore au-dessous des besoins. Les choses se modifieront, il faut l'espérer, et arriveront à un état meilleur : mais actuellement, lorsqu'on veut porter un remède radical et immédiat au mal constaté, on se heurte à d'insupportables questions d'argent qui paralysent les volontés les plus robustes et font ajourner des améliorations essentielles.

Pour ces chétives créatures, dont bien souvent la vie ne tient plus qu'à un fil quand on les apporte à l'hospice, une infirmerie n'est que trop nécessaire. Aussi celle de la maison est vaste, bien distribuée et divisée en deux services : celui de la médecine et celui de la chirurgie. En visitant ce dernier, on est surpris du nombre d'enfants couchés sous des rideaux bleus et dont les yeux sont cachés par une compresse humide : ceux-là sont atteints d'une ophthalmie que trop souvent ils doivent à leur mère. Cette infirmerie est navrante à voir, elle est l'image même de l'abandon. Malgré le va-et-vient des servantes qui s'empressent autour des petits lits, malgré la présence active et bienfaisante des sœurs, qui, là plus que partout ailleurs, sont d'admirables infirmières, l'enfant, au moment où il a le plus besoin d'être choyé et dorloté, est dans une solitude désespérante. Je me suis arrêté à regarder une pauvre fillette de quatre ou cinq ans qui avait la rougeole. Blonde et charmante, vêtue d'une camisole de cotonnade à fleurs, roses, portant au cou le collier du dépôt, elle donnait, agitée, fiévreuse, visitée par un cauchemar. Tout à coup elle se réveillait en sursaut avec un geste d'effroi, regardait autour d'elle, ne voyait que mon visage inconnu, et remettait avec découragement sa petite tête sur l'oreiller. On est très bon pour ces enfants, on cherche à les désennuyer. Au lit, ils ont des images à regarder : dès que la convalescence leur permet de se lever, on leur donne des joujoux ; mais la gaîté ne leur revient guère, et j'en ai vu plus d'un, assis sur le parquet, tenant un pantin entre les bras, immobile, regardant machinalement devant lui, et perdu dans une de ces rêveries profondes qui à cet âge nous semblent si mystérieuses.

Comme les autres hôpitaux, l'hospice des Enfants-Assistés possède, loin des pavillons occupés, une salle de repos où l'on garde les morts ; c'est dans un cercueil banal, en chêne garni d'armatures de fer, afin qu'il dure longtemps, qu'on les emporte revêtus d'une longue chemise blanche qui les enveloppe tout entiers. On les confie à la terre nue après que l'église a prié sur eux ; mais pour ceux-là nul parent ne suit le petit corbillard : ils s'en vont comme ils sont venus, indifférents à tous, et ne laissent derrière eux aucun regret. Sur la table d'autopsie, il y avait deux cadavres, maigres, émaciés, déjà marqués de taches violettes ; l'un était celui d'un hydrocéphale, vaste tête qui semble faite pour le génie, et où l'idiotie va presque toujours se loger. De grosses mouches vertes bourdonnaient autour d'eux. C'est presque un soulagement de voir morts des enfants à qui était réservée la destinée qu'on peut prévoir. Ils ne sont pas à plaindre, et, pour ce qui les attendait dans la vie, ils ont bien fait de s'arrêter sur le seuil et de ne point aller plus avant. Tout donne une impression triste dans cette maison, tout, jusqu'à la vaste chapelle où chaque matin l'on baptise les enfants apportés la veille.

Dans une grande salle, nous avons assisté au goûter des petites filles ; on leur distribuait de belles tartines de pain tendre amplement revêtues de marmelade de prunes, dont elles se barbouillaient d'importance. Chez ces enfants, le plus souvent le geste est brusque, cassé, à angles droits, presque animal. Avec elles, les sœurs et les files de service ont une patience à toute épreuve ; mais le type le plus intéressant de la maison est un surveillant qui a charge des garçons. C'est un homme d'une cinquantaine d'années environ, de tenue un peu militaire, très propre et soigné dans son uniforme, beau parleur et poussant la politesse jusqu'au raffinement. Il mène sa petite bande par des procédés tout particuliers, et il faut convenir qu'ils lui réussissent admirablement. Les enfants amenés en dépôt à l'hospice appartiennent généralement à la catégorie où Auguste Barbier a rencontré son « pâle voyou. » Ils ne pèchent pas précisément par l'excès des belles manières, ils ont vécu près du ruisseau, ils sont impudents, insolents et malpropres ; entre eux, ils s'appellent volontiers « Pif-en-l'air » ou « Tape-à-l'œil. » Le surveillant ne tolère point de semblables familiarités, il veut qu'on soit respectueux les uns pour les autres, et il prêche d'exemple. Si l'un de ces gamins rappelle par certain côté le bon roi Dagobert, ce qui arrive fréquemment, il le fera prévenir par un de ses camarades auquel il dira : « Monsieur Edmond, veuillez avoir l'extrême complaisance de prévenir M. Gustave que le désordre de sa toilette est regrettable, et que, lorsqu'il se retourne, on peut concevoir une opinion fâcheuse des soins qu'il prend de sa personne. » La commission est répétée presque mot pour mot. Je n'en croyais pas mes oreilles. Les enfants ouvrent de grands yeux, s'étonnent d'abord, finissent par comprendre ces phrases emphatiques, et les substituent peu à peu à l'argot malsonnant qu'ils avaient l'habitude de parler. Lorsque le langage se modifie, de nouvelles idées naissent, et les habitudes ne tardent pas à s'en ressentir. L'emploi de termes pompeux et trop choisis frappe beaucoup les enfants : aussi ceux de l'hospice adorent-ils le surveillant ; il les mène au doigt et à l'œil, menace quelquefois, ne punit jamais, et obtient tout ce qu'il veut sans rigueur : c'est un des plus précieux auxiliaires de l'administration. On a voulu dessiner des chemins, des quinconces dans la futaie d'ormeaux ; le surveillant s'en est chargé, et avec le concours de « ces messieurs » il a fait une œuvre de jardinage fort convenable. Bien plus, il est chef de troupe et directeur de théâtre. Il a peinturluré des décors, il les dispose dans une grande salle qui sert de classe, il fait apprendre quelque pièce de Berquin ou de Bouilly aux plus intelligents des pupilles, et à certains jours de fête on donne une grande représentation. Ce sont des joies qu'on peut imaginer : l'émulation est excitée, l'attente pleine d'émotion, le plaisir très vif. Sans bien s'en rendre compte peut-être, cet excellent homme a résolu le difficile problème de fortifier le corps et d'occuper l'esprit des enfants. Il n'en est pas plus fier du reste, et lorsqu'on le félicite des résultats qu'il obtient, il en fait remonter hiérarchiquement tout le mérite au directeur de l'hospice.

III

Ce sont les sous-inspecteurs provinciaux qui sont chargés du recrutement, toujours si difficile et si délicat, des nourrices. Celles-ci sont fournies surtout par onze départements ; la Nièvre, l'Allier et le Pas-de-Calais sont ceux qui en envoient le plus. Elles ont dans les vieux bâtiments de l'hospice une salle commune ; elles s'y tiennent pendant le jour et travaillent à quelque ouvrage de couture en attendant qu'on leur ait remis un nourrisson, ou que le moment de partir soit venu. La nuit, elles couchent dans un dortoir situé sous les combles, où les lits, trop nombreux, ne sont pas assez espacés. A les voir assises et tirant l'aiguille, un peu déroutées par ce milieu inconnu, n'osant guère parler à voix haute à cause de la surveillante qui les garde, on reconnaît promptement leur provenance, non pas au costume, qui tend de plus en plus à devenir uniforme en France, mais à la coiffure, qui a conservé quelque originalité de terroir ; les femmes d'Ille-et-Vilaine portent le petit bonnet plissé qui rappelle de loin la bandelette égyptienne ; celles de la Sarthe ont l'horrible coiffe qui paraît avoir été inventée précisément pour faire valoir les défauts du visage ; celles de l'Allier sont à demi enfouies sous le chapeau de paille à rubans noirs qu'on place comme un casque sur le front, qui cache les yeux et découvre la nuque. Toutes ces femmes m'ont paru d'une laideur exemplaire, certificat de vertu que les sous-inspecteurs recherchent peut-être avec soin. Lorsque l'heure de rejoindre leur pays est arrivée pour elles, on leur remet la layette,[1] un flacon de miel rosat destiné à combattre le muguet, qui si souvent attaque les nouveau-nés, et

---

1 La layette emportée par les nourrices est très complète ; elle se compose de 4 béguins, 2 bonnets d'indienne, 2 brassières de laine, 2 brassières d'indienne, 1 ca-lotte de laine, 4 chemises à brassière, 12 couches, 1 couverture de berceau, 4 fichus simples, 3 langes piqués, 2 langes de laine. La valeur en est de 25 francs 82 centimes.

pour elles-mêmes, afin qu'elles n'aient point froid en route dans les inhospitaliers wagons de troisième classe, que l'administration des chemins de fer ne chauffe même pas en hiver, on leur donne un manteau en molleton bleu très ample et muni d'un capuchon. Les frais de voyage sont naturellement à la charge de l'administration, qui, en 1869, a dépensé 170,107 francs 6 centimes pour cet objet. Les mois de nourrice et la pension des enfants assistés sont réglés par un tarif uniforme, qui a été légèrement augmenté il y a cinq ans. Pendant la première année, la nourrice reçoit 15 francs par mois, pendant la seconde 12 francs, pendant la troisième et la quatrième 8 francs, pendant la cinquième et la sixième 7 francs, de la septième à la douzième 6 francs. L'enfant est-il gardé par la femme qui l'a nourri ? Souvent. C'est au reste le devoir des sous-inspecteurs de déplacer les pupilles de l'assistance quand il le juge convenable, et de leur trouver des familles adoptives qui en prennent soin et les dirigent dans la bonne voie. Ainsi qu'on peut le remarquer, le prix de la pension est en sens inverse de l'âge de l'enfant, car, au fur et à mesure qu'il grandit, il peut rendre mille petits services qui sont une sorte de compensation ! aux soins dont il est l'objet. A six ou sept ans, selon les pays qu'il habite, il peut conduire aux champs les dindons ou les oies ; à dix ans, il garde les moutons, il tresse des paniers, il jette la bottelée de foin dans le râtelier des écuries, il porte la pitance aux hommes qui font la moisson. A douze ans, la pension est supprimée, car il est considéré comme pouvant fournir un travail équivalent à la nourriture qu'il reçoit. Jusqu'au même âge, il est habillé par l'administration, qui chaque année lui fait remettre une *vêture* proportionnée à sa taille et à son développement présumé. Il est stipulé avec les nourriciers que les enfants doivent fréquenter les écoles communales depuis six ans jusqu'à quatorze. Pour les encourager à faire donner quelque instruction aux pupilles, on leur accorde une gratification, et l'on paie une somme mensuelle, variant de 50 centimes à 1 franc 50 centimes, aux instituteurs et institutrices dont les classes sont fréquentées par les enfants assistés. En 1869, les encouragements pour l'instruction ont grevé le budget de l'assistance publique d'une somme de 85,458 francs 25 centimes. Malgré un tel chiffre, il paraît qu'elle n'est pas encore assez élevée, car, sur 8,145 enfants qui auraient dû faire acte de présence aux écoles, 6,672 seulement les ont suivies. Le paysan ne comprend pas encore bien l'utilité de l'instruction ; pour lui, le temps qui n'est pas employé à un travail manuel est du temps perdu. Les préjugés en cette matière sont singulièrement tenaces, et nous leur devons d'offrir cette anomalie au moins étrange d'un peuple qui ne sait ni lire ni écrire, et dont le premier droit politique est le suffrage universel. L'instruction religieuse est moins négligée, et sur 2,745 enfants qui par leur âge étaient arrivés au moment de la recevoir, 2,094 ont pu en profiter.

L'assistance publique, agissant par les sous-inspecteurs, ne néglige aucun moyen d'enseigner à ses pupilles la grande vertu domestique et sociale, qui est l'économie ; elle leur apprend à connaître le prix de l'argent. Du reste elle prêche d'exemple, et souvent elle a prouvé à quelle somme de résultats importants on pouvait parvenir avec des ressources restreintes bien employées. Le nombre des livrets de caisse d'épargne appartenant aux enfants assistés était en 1869 de 5,428, représentant la valeur relativement considérable de 394,076 francs 75 centimes. Si de telles habitudes d'ordre et de régularité étaient propagées, développées, entretenues dans la classe ouvrière, le problème social serait bien près d'avoir reçu la solution qu'il sollicite en vain de tous côtés. L'assistance, qui ouvre des yeux très clairvoyants sur ses pupilles, qui les suit partout où le sort les emmène, qui ne les abandonne jamais, même devant les tribunaux,[1] récompense ceux dont la conduite a été irréprochable. Treize fondations d'importance différente lui ont été léguées pour fournir un petit pécule, un livret de caisse d'épargne, une dot, aux enfants dont on est satisfait ; en 1869, 178 pupilles ont été jugés dignes d'encouragement, et se sont partagé une somme de 15,936 francs 20 centimes.

Dans cette population d'enfants, sur lesquels l'ascendance pèse parfois comme un vice originel, comme une sorte de déformation mentale reçue dans les limbes de la gestation, on ne rencontre pas toujours des natures sans défaut, et parfois l'on se heurte à des caractères vicieux, naturellement coudés, qu'il est impossible de redresser par l'exemple et par l'éducation. En général on n'a pas cependant à se plaindre trop vivement, car en 1869, sur 9,000

---

1 « Lorsqu'un élève est l'objet de poursuites judiciaires, le sous-inspecteur doit faire toutes les démarches nécessaires afin de lui éviter, s'il est possible, les suites toujours fâcheuses d'une condamnation. » *Instruction générale sur le service des enfants assistés du département de la Seine* ; 1869, article 82.

élèves de 13 à 20 ans, 32 seulement ont eu maille à partir avec la justice, mais pour des faits qui n'offraient aucune gravité réelle. Un même nombre d'individus ont fait preuve d'un esprit d'indiscipline et de révolte tellement insurmontable qu'il a fallu les faire détenir à titre de correction paternelle ; 4 garçons et 28 filles ont dû passer par la Petite-Roquette et le *séparé* de Saint-Lazare, mesure très regrettable à laquelle on se trouve parfois réduit en présence de natures absolument rebelles, mais qui ne produit jamais que de mauvais résultats. Sans avoir à revenir ici sur ce que nous avons déjà dit en parlant des prisons, on peut affirmer que tout ce qui a séjourné dans ces deux maisons est destiné au banc de la cour d'assises et du registre de la prostitution. A plusieurs reprises, on a dirigé les pupilles vicieux vers des colonies agricoles qui promettaient monts et merveilles ; mais toujours on a échoué dans chacune de ces tentatives, dont l'historique est intéressant à tracer, car il prouvera une fois de plus combien ces sortes d'institutions sont défectueuses dans notre pays.

Ce fut en 1850 que l'assistance publique essaya de ce système, auquel elle fera bien, je crois, de ne jamais revenir. Un jésuite, le père Brunauld, avait créé en Algérie, près de Bouffarik, la colonie agricole de Ben-Aknoun ; moyennant une rétribution journalière de 75 centimes par enfant de 12 à 15 ans et de 50 centimes pour les enfants de 15 à 18 ans, il s'engageait à en faire de bons agriculteurs, à leur remettre une somme de 100 francs à leur majorité et à leur faire obtenir une concession de 4 à 5 hectares de terrain. Dès 1851, l'assistance lui expédia 100 de ses pupilles et 100 enfants indigents, pris à Paris avec l'autorisation de leur famille ; on n'avait pas choisi les enfants vicieux, au contraire, et comme l'on concevait de grandes espérances sur le sort de cette colonie algérienne, on n'avait autant que possible envoyé que de bons sujets. Tout nouveau, tout beau, dit notre vieux proverbe. Pendant les premières années, on s'applaudissait du parti qu'on avait embrassé ; les nouvelles de Ben-Aknoun ne laissaient rien à désirer, et l'on disait volontiers : Il n'y a vraiment que les jésuites qui sachent diriger les enfants. On n'allait pas tarder à déchanter. Vers 1855, les renseignements parvenus à l'administration n'étaient point satisfaisants. En 1856, on peut prévoir déjà une dissolution prochaine. Le 3 juillet 1857, le ministre de la guerre, édifié sur les mérites des élèves du père

Brunauld, déclare qu'il ne leur accordera plus de concession ; en même temps l'assistance décide qu'elle n'enverra plus ses pupilles à Bouffarik. En 1858, l'administration de la colonie met les clés sur la porte, et l'expérience est terminée. Ce qu'il y a de curieux, c'est que le père Brunauld avait très nettement vu par où péchait son système ; mais, s'il reconnut le mal, il paraît qu'il n'en trouva point le remède. Dans son *Rapport à l'empereur sur l'emploi des enfants trouvés de France pour la colonisation de l'Algérie*, il dit en propres termes : « La règle est trop vexatoire ; à un certain âge, elle devient pesante, les élèves éprouvent peu à peu le besoin d'une liberté plus grande et d'un supplice moins constant. Trop peu de liberté, pas assez d'inquiétude pour l'initiative personnelle, voilà les obstacles. Conclusion : contrairement à nos idées premières, qui, sur ce point, ont dû se modifier, les enfants agglomérés ne peuvent en moyenne gagner leur vie dans le travail des champs. »

Pendant qu'on essayait avec autant de bonne foi que d'insuccès de faire des colons avec les enfants de bonne conduite, on envoyait les enfants rebelles dans diverses colonies pénitentiaires où leur sort ne paraît pas avoir été digne d'envie : à Varègues, dans la Dordogne, chez l'abbé Vedey, — à Montagny, près de Chalon-sur-Saône, chez M. Fournet, — à Blanzy, dans le département de Saône-et-Loire, chez l'abbé Béraud, — aux Bradières, dans la Vienne, chez M. Grousseau. Ces différents envois ont lieu de 1853 à 1855. L'année suivante, Varègues et Montagny tombent en déconfiture ; deux ans après, c'est le tour de Blanzy. Aux Bradières, les évasions sont si fréquentes et ont des résultats si singuliers qu'on s'inquiète. En effet, les pupilles de l'assistance se sauvent, mais c'est pour venir « se réfugier à l'hospice, afin d'éviter les mauvais traitements et de trouver une nourriture suffisante. Une enquête est ouverte, et l'on constate qu'aux Bradières les élèves couchent, hiver comme été, sur la paille, dans des bâtiments en bois, sans vitres et simplement clos avec des volets ; de plus, au réfectoire et sur les travaux, les pauvres enfants étaient accompagnés par des contre-maîtres toujours armés de longues baguettes dont l'usage se devine facilement : tous les pupilles furent immédiatement rappelés. En 1855, on avait placé 30 jeunes filles indisciplinées à Conflans, dans la maison succursale du Bon-Pasteur d'Angers ; elles s'en échappent, surtout au moment du carnaval, et viennent à

Paris prendre des distractions qui n'avaient rien de commun avec la règle du couvent où elles étaient enfermées. On renonce pour elles à ce système d'amendement, et on les envoie brutalement à la maison des Dames-Saint-Michel, à celle de la Madeleine, et même en correction à Saint-Lazare. On voulut avoir recours à la colonie modèle par excellence, à Mettray ; mais il ne semble pas qu'on se soit arrêté à rien de définitif, car l'éminent directeur, M. de Metz, déclare que la vie agricole ne peut produire d'amélioration sérieuse que si elle se prolonge dans la vie militaire ou la vie maritime. La seule institution qui n'ait pas donné de résultats désastreux est le pensionnat que l'abbé Halcuin a fondé à Arras ; on y reçoit l'instruction primaire, et, — tout le nœud de la question est là, — loin de contraindre les enfants à des travaux de culture qui leur répugnent, on leur enseigne un état en les mettant en apprentissage chez des artisans de la ville où ils vont passer la journée. Aussi, à partir de 1861, on renonce définitivement à l'envoi dans les colonies agricoles, et l'on conserve seulement quelques élèves dans le pensionnat d'Arras, où ils sont élevés et nourris pour la faible rétribution de 36 francs par trimestre. Du reste, les directeurs des colonies pénitentiaires semblent s'être rendu justice ; on disait à l'un d'eux : Quel est le résultat de votre système d'éducation ? Il répondit : Un seul, l'évasion.

L'assistance publique avait songé un instant, à l'époque la plus vive de ses illusions, à créer pour son propre compte une exploitation à la fois agricole et pénitentiaire où elle dirigerait ses pupilles récalcitrants. Dix années d'expériences pénibles et de déboires toujours renouvelés lui ont sans doute fait ajourner ce projet. Il vaut bien mieux laisser l'enfant dans la famille qui l'a recueilli tout petit, qui par lui a eu un gain minime, mais régulier, qui finit par le considérer comme l'un des siens, qui l'aime, l'adopte parfois légalement, le marie dans des conditions acceptables et même le rachète du service militaire. Ces faits sont moins rares qu'on ne serait tenté de le croire ; il ne se passe pas d'années que l'administration n'en ait à enregistrer de semblables, et ce n'est peut-être pas sans un certain orgueil qu'elle constate qu'agissant au nom de la société, elle a sauvé une créature humaine abandonnée par sa propre famille. Beaucoup se font soldats ; ainsi, sur 499 qui au dernier tirage étaient en âge d'être appelés, on a reconnu que 162 s'étaient engagés volontairement. Quelques-uns ont réussi dans la carrière qu'ils ont librement choisie à leur majorité, et il y a dans Paris même des gens riches, honorables et honorés, qui ont poussé leurs premiers cris dans les tristes berceaux de l'ancienne maison des oratoriens. Ceux-là ont profité de toutes les circonstances favorables pour s'accroître, pour se fortifier, et ils ont gardé au fond de leur cœur quelque pitié à l'égard de ceux qui souffrent : les bureaux de bienfaisance s'en aperçoivent lorsqu'ils font leur quête annuelle.

Emmené à la campagne, élevé chez des agriculteurs ou chez des artisans, l'enfant est-il donc absolument perdu pour sa famille ? Non, car celle-ci a toujours le droit de le réclamer et de le reprendre. Quand l'abandon a eu pour cause une misère accidentelle et sérieuse, j'entends celle qui menace la vie, et non point cette misère d'apparat dont les indigents de Paris savent parfois tirer de bonnes aubaines, l'enfant est presque toujours redemandé à l'administration, qui, à moins de raisons fort graves, ne le refuse jamais. Pendant l'année 1869, 585 pupilles de l'assistance publique ont été réclamés. Le sentiment maternel est celui qui persiste le plus : 343 enfants ont été rendus à leurs mères, 166 à leurs pères, et 76 seulement à des collatéraux. Parmi ces pauvres abandonnés, il y en avait 513 qui étaient âgés de un jour à douze ans, et 72 qui étaient des élèves de douze à vingt et un ans. Sur ce nombre, il n'y avait que 219 enfants légitimes ; mais 341 enfants naturels furent reconnus avant d'être remis à leurs parents, et 25 seulement restèrent des enfants anonymes. Ce chiffre de 585 est bien faible en comparaison de la population totale des enfants assistés, qui, on se le rappelle, a été en 1860 de 25,486. On croit généralement que bien des personnes riches à qui la nature a refusé les joies de la maternité vont à l'hospice de la rue d'Enfer chercher un enfant adoptif ; le fait n'est pas sans exemple, mais il est rare ; c'est là un élément romanesque plus fréquent dans les livres d'imagination que dans la vie réelle.

Lorsqu'une adoption a lieu, elle est l'objet d'un contrat authentique passé entre le bienfaiteur et le directeur de l'assistance publique, qui agit comme tuteur légal de l'enfant, et qui a toujours soin de stipuler pour celui-ci un avantage pécuniaire. Autrefois on donnait indifféremment des bilans orphelins ou des enfants ayant entière leurs père et mère. L'on avait compté sans les mauvais instincts naturels à l'homme, et l'on a renoncé à ce système. En effet, un enfant assisté, ayant été adopté par une famille aisée, fut découvert par son père, qui jadis l'avait abandonné avec empressement ; aussitôt la famille adoptive devint la victime de ce misérable, qui, se livrant à l'odieuse manœuvre connue sous le nom de chantage, disait : « C'est mon fils, rendez-le-moi, » ou bien : « Vous avez intérêt à ce qu'on ignore les origines de cet enfant, donnez-moi de l'argent, sinon je les dévoile. » Prise entre l'affection quelle éprouvait pour son fils adoptif et les requêtes perpétuelles du drôle qui la menaçait, la famille n'aurait su quel parti prendre, si la préfecture de police n'était venue à son aide avec ces excellents moyens officieux dont elle a le secret. L'enfant fut sauvé et put rester avec ses vrais parents, c'est-à-dire avec ceux qui l'avaient arraché à l'hospice ; mais l'exemple porta fruit : on voulut éviter de pareilles avanies aux bienfaiteurs, et désormais on ne livre que des orphelins à l'adoption. De cette façon, on est certain d'éviter ces retours de tendresse trop intéressés pour n'être pas ignobles.

Les personnes qui s'adressent à l'assistance pour obtenir un enfant appartiennent presque toutes à la classe des petits commerçants ; ce sont pour la plupart des boutiquiers du dixième ordre, qui de cette manière se procurent un apprenti, un commis, un garçon de magasin qu'ils n'ont point à payer. Parfois ce sont presque des indigents qui, en adoptant un orphelin, font sonner bien haut leur prétendue bonne action, et s'en font un point d'appui pour assaillir l'administration de demandes de secours de toute nature. On ne se laisse point duper par de telles manœuvres, qu'on déjoue facilement, car on fait des enquêtes très sérieuses sur tout individu, sur toute famille qui exprime la volonté de choisir un enfant parmi les pupilles de l'assistance. On pourrait quelquefois se croire revenu aux traditions de la *Couche*, à l'époque où le trafic des enfants trouvés s'exerçait ouvertement. Il n'y a pas longtemps, une femme belge, assez jeune et jolie, vint tout simplement prier l'administration de lui remettre un enfant, fille ou garçon, peu importait, pourvu qu'il ne fût âgé que de quelques jours. Interrogée sur le mobile qui la poussait, elle répondit sans se troubler qu'elle était liée avec un vieillard, et que celui-ci l'épouserait, si elle parvenait à lui faire croire qu'il l'avait rendue mère. On mit à la porte cette ingénieuse personne, qui s'en alla en disant : « Je vous avais donné la préférence ; mais je trouverai ce qu'il me faut ; à Paris, ce n'est pas rare ; » Il y a malheureusement tout lieu de penser qu'elle n'a pas eu de longues recherches à faire, et qu'elle a été bientôt pourvue.

Le service des enfants assistés, qui est très vaste et complexe, puisqu'il s'exerce sur l'hospice de la rue d'Enfer, sur tous les départements où les enfants sont envoyés en nourrice, sur tous les corps d'état qui les acceptent en apprentissage, coûte annuellement à l'administration de l'assistance publique 3,506,131 fr. 64 cent. Cette somme serait plus considérable encore si, comme je l'ai dit,[1] on ne s'ingéniait par toute sorte de moyens à secourir les mères indigentes pour les encourager à conserver leurs enfants. Les résultats obtenus ne sont pas tous aussi satisfaisants qu'on serait en droit de l'espérer. Bien souvent on se heurte à des natures vicieuses, corrompues, que nul sentiment humain n'émeut, ou qu'une faiblesse organique empêche de persister dans la voie du bien. Parmi les femmes qui ont reçu des secours, auxquelles on a payé les mois de nourrice, 156 en 1869 ont abandonné leurs enfants et les ont portés à l'hospice. Il est un fait à constater, et qui prouve que la maternité, comme tout autre sentiment, se développe par l'usage, par l'habitude : les abandons ont invariablement lieu clans les premiers mois qui suivent la naissance : 134 dans le premier mois, 13 dans le second, 6 dans le troisième, 2 dans le quatrième, 1 dans le huitième. Lorsqu'elle est accoutumée à son enfant, aux soins qu'il réclame, aux inquiétudes qu'il inspire, aux espérances qu'il fait concevoir, la femme ne peut plus le quitter : observation importante au point de vue de la physiologie générale, et qui semble affirmer que, chez la femme, l'action de la nature est à l'inverse de ce qu'elle est chez les animaux, qui tous se détachent progressivement de leurs petits au fur et à mesure qu'ils grandissent, et arrivent à ne plus les reconnaître.

Telle est dans son ensemble et dans ses principaux détails l'œuvre de l'assistance en faveur des enfants que la misère, la débauche, l'insensibilité, jettent sur le pavé de Paris. Tout ce service, auquel concourt un nombreux personnel d'employés, d'infirmières, de sœurs de charité, de médecins, est surveillé de telle sorte que les

---

1 Voyez la Revue du 15 juin 1870 : *L'indigence à Paris et l'assistance publique.*

abus signalés autrefois ne pourraient plus se produire aujourd'hui ;
mais une société mue par un sentiment de charité et par l'intérêt
de sa conservation personnelle, agissant par une administration
déléguée, si bonne, si secourable que soit celle-ci, ne remplacera
jamais les soins maternels, dont l'absence laissera peut-être dans
le cœur de l'enfant un levain d'aigreur et de colère qui plus tard
le poussera à des actes mauvais. Plus d'un, après avoir traîné
une vie misérablement incohérente, pour finir ses jours en paix,
retournera vers cette assistance inépuisable qui l'a recueilli enfant,
et ira frapper à la porte d'un de ces hospices destinés à la vieillesse
dont nous parlerons dans une prochaine étude.

II. — Bicêtre. — La Salpêtrière.

En 1286, Jean de Pontoise, évêque de Winchester, acheta du chapitre de Notre-Dame une grande métairie qu'on appelait alors la *Grange aux queux* (cuisiniers), et y fit bâtir une maison de plaisance qui devint le manoir de Gentilly. Acquis par Amédée V de Savoie, le domaine, par suite d'arrangements particuliers, devint la propriété de Jean d'Orléans, duc de Berry, qui, reprenant les constructions à demi ruinées, y éleva un château magnifique dont le donjon dominait Paris. Pendant la querelle des Armagnacs et des Bourguignons, ceux-ci s'emparèrent du manoir, y mirent le feu et le détruisirent en partie. Tel qu'il était en 1416, le duc de Berry le légua à son premier possesseur, au chapitre de Notre-Dame, en échange de quelques prières et de deux processions. Nul n'entretint plus le vieux château, qui se transforma en une véritable caverne de voleurs ; ce repaire de brigands était assez redoutable pour qu'on fût obligé de lui donner assaut et de l'enlever à main armée en 1519. Rentré en 1632 dans les apanages royaux, il fut rasé de fond en comble par Richelieu, qui le fit rebâtir dans la forme que nous lui voyons aujourd'hui, l'érigea en commanderie de Saint-Louis, et le destina à servir d'asile à des officiers devenus invalides par suite de leurs blessures. Un moment, vers 1648, on y déposa les enfants trouvés, dont Vincent de Paul venait d'instituer l'œuvre, et en 1657 Louis XIV, qui avait déjà formé le projet de bâtir un hôtel spécialement réservé aux invalides (commencé près de vingt ans plus tard, en 1672), réunit la commanderie, qu'on avait placée sous le vocable de saint Jean-Baptiste, au système de l'Hôpital-Général, et la consacra aux pauvres, aux femmes de mauvaise vie, aux fils insoumis, aux vagabonds et aux voleurs. Ce château qui a eu tant de destinations différentes, c'est Bicêtre.

D'où lui vient ce nom ? Sans nul doute de la contraction francisée du mot *Winchester* ; mais il semble que l'étymologie est double, et qu'on est arrivé, avec deux mots d'acception très différente, à faire un seul et même nom. Toute la plaine qui s'étend entre Montrouge et Gentilly était non-seulement mal famée, mais causait une insurmontable épouvante aux bourgeois parisiens. C'est dans ces parages qu'habitait le fameux diable Vauvert, devenu proverbial. On y arrivait par la rue d'Enfer ; ces vastes terrains nus et très solitaires, couverts de nombreuses excavations destinées à l'extraction de pierres de taille, étaient fréquentés par tous les malfaiteurs, qui échappaient facilement aux inutiles poursuites des soldats du guet. Les voleurs y trouvaient des endroits propices pour le refuge et l'embuscade ; c'est là que, sous la fronde, les sorciers à la mode conduisaient les dupes naïves et hardies auxquelles ils faisaient apparaître le diable. On prétendait que la nuit ces lieux maudits étaient le théâtre de rondes sataniques, et qu'on y entendait constamment un bruit de chaînes accompagné de plaintes déchirantes. Le château et la plaine qu'il dominait étaient frappés d'anathème, et nul ne pouvait en approcher sans s'exposer à un malheur. Or par quel terme vulgaire le peuple de Paris exprimait-il l'idée de malheur, d'accident, de désastre fortuit survenant sans cause explicable ? Par le mot *bissêtre*, selon la vieille tradition païenne, qui regardait les années bissextiles comme néfastes, et qui par infiltration était venue jusqu'à nous. Le mot subsiste encore dans quelques provinces de France, notamment dans le Berry, où il sert à désigner un homme à la fois colossal et de forme indécise qui apparaît à ceux que la mort menace. Ce mot était autrefois d'un usage très fréquent ; Molière l'a employé dans *l'Étourdi* :

Eh bien ! ne voilà pas mon enragé de maître ?

Il va nous faire encore quelque nouveau bissêtre ?

Sans un rapport présenté en 1657 au cardinal Mazarin, l'orthographe populaire qui semble entraîner la signification spéciale que je viens d'indiquer est conservée : « *Bissestre* est une maison vrayement royale, si elle estait achevée. » Il est donc fort probable que les deux appellations se sont confondues en une seule qui a gardé deux sens différents : pour les lettrés, Bicêtre était l'ancien château de l'évêque de Winchester ; pour la masse, c'était un lieu de malheur. Quoi qu'il en soit, le mot, tout en ayant perdu son acception première, est resté familier dans le peuple de Paris comme synonyme de mauvais et d'ingouvernable ; d'un méchant garnement, on dit aujourd'hui encore : C'est un petit Bicêtre.

La maison, il faut l'avouer, avait une réputation détestable qu'elle méritait bien. Elle était devenue, sous Louis XVI, un hospice, un hôpital, une prison. C'est là qu'on faisait passer par les grands remèdes « les gens atteints de maladies provenant de débauches ; »

mais, comme en vertu des vieilles habitudes ecclésiastiques ils n'y étaient reçus « qu'à la charge d'être sujets à la correction avant toutes choses et fouettés, » on peut penser qu'ils ne témoignaient pas un grand empressement à s'y rendre. La révolution mit fin à cette coutume barbare, et tous les malades spéciaux, détenus et maltraités à Bicêtre, furent transférés le 12 mars 1792 à l'ancien couvent des capucins, qui est maintenant l'Hôpital du Midi. Jusqu'en 1802, époque où le conseil-général des hospices fut mis en possession d'une partie de cet établissement, le régime intérieur fut déplorable, plus douloureux encore que celui des hôpitaux. Les vieillards, les jeunes gens, les épileptiques, les aliénés, les fous furieux, les femmes, les enfants, les incurables de toute espèce, étaient enfermés là pêle-mêle. Le rapport de M. de Pastoret ne laisse aucun doute à cet égard : « les sexes y étaient confondus comme les âges, comme les infirmités. » Pour obtenir la disposition exclusive d'un lit, il fallait payer une pension annuelle de 150 livres. Les autres, trop pauvres pour se donner un tel luxe, avaient une couchette pour huit ; ils se divisaient en deux escouades de quatre personnes chacune : la première dormait de huit heures du soir à une heure, la seconde de une heure à six heures du matin. Grâce à un pareil système, chaque nuit les dortoirs devenaient des champs de bataille. Dès les premières années de l'empire, cet état de choses fut modifié, et la maison fut meublée de manière à pourvoir aux besoins de tout le personnel. Elle n'en resta pas moins un objet d'horreur et de réprobation, car c'est là qu'on déposait les individus condamnés aux galères qui attendaient le départ de « la chaîne » pour le bagne, et là aussi qu'on gardait les condamnés à mort jusqu'au jour de leur exécution.

Les cachots où ces malheureux étaient enfermés existent encore ; il est difficile d'imaginer quelque chose de plus bêtement cruel, et les *pozzi* (oubliettes) du palais ducal de Venise n'ont rien à leur envier. C'était un souterrain divisé en une série de compartiments étroits, fermés de lourdes portes, ne recevant qu'un jour de souffrance, c'est le vrai mot, par un soupirail ouvert dans la voûte : devant ces cabanons s'allongeait une galerie où se tenaient les sentinelles. L'obscurité humide et malsaine devait y être insupportable. De telles cages de pierre ne rassuraient pas les geôliers ; au siècle dernier, Du Chatelet, qui par ses délations permit à la police d'arrêter Cartouche, dont il était le complice, y passa quarante-trois ans, attaché par quatre chaînes scellées dans les murailles. Quand, oppressé par l'atmosphère infecte où il vivait, il sentait ses forces s'épuiser, il contrefaisait le mort ; on le mettait sur un brancard pour le porter à la salle de repos. Pendant le trajet, il pouvait respirer à l'aise et se livrait à une débauche de grand air. On y fut pris plusieurs fois, si bien que, lorsqu'il mourut réellement, on n'y voulut pas croire, et qu'on le laissa dans ses chaînes jusqu'à décomposition presque complète. Ces cachots servent aujourd'hui de caves à la pharmacie de l'hospice. A Bicêtre, où l'on jetait tout le ramassis des vagabonds de Paris, où de malheureux accusés de délits politiques étaient enfermées par voie de lettres de cachet, où la nourriture, insuffisante et malsaine, donnait le scorbut aux prisonniers, où la discipline était d'une brutalité excessive, les révoltes furent nombreuses ; plus d'une fois la maréchaussée accourut au secours des gardiens menacés, et dut rétablir l'ordre à coups de fusil. En 1756, les détenus de la *petite fosse* s'étaient soulevés ; on en fusilla quatorze, et les autres furent pendus le lendemain après avoir été préalablement fouettés. Pendant les journées de septembre 1792, Bicêtre subit un véritable sac ; les massacreurs, qui rêvaient je ne sais quelle épouvantable épuration sociale, vinrent avec du canon, forcèrent les portes, assaillirent les prisonniers, qui se défendirent hardiment sous la conduite de leurs gardiens, et, sans pitié comme sans merci, tuèrent tous ceux qui ne parvinrent pas à s'échapper dans la campagne. Ce qui se passa là fut d'une cruauté stupide, comme tous les actes qui appartiennent à ce qu'on nomme dérisoirement sans doute « la justice du peuple. » On tua les criminels, les infirmes, les employés, on tua tout, jusqu'aux enfants idiots. En parlant de ceux-ci, un des assassins dit un mot qui a été retenu : « ces petits-là, c'est plus dur à abattre que des hommes. »

Aujourd'hui il n'y a plus de criminels à Bicêtre. Depuis 1836, depuis qu'on a élevé sur la place de la Roquette le dépôt où sont enfermés les condamnés à mort et aux travaux forcés, la maison est devenue exclusivement hospitalière ; elle est à la fois un hospice ouvert aux vieillards, aux infirmes, et un asile réservé aux aliénés, Aux épileptiques et aux idiots. C'est de Bicêtre considéré comme hospice de la vieillesse (hommes), ainsi que l'on dit en langage administratif, que nous nous occuperons dans cette étude. Plus tard, nous l'examinerons sous le rapport des aliénés et du traitement fort humain auquel ils sont soumis.

I

L'édifice est énorme. C'est un vaste château royal d'un style un peu froid, rendu incohérent par des adjonctions successives, mais qui, sur la colline qu'il occupe au bout de la belle avenue de marronniers qui y donne accès au grand air et s'étale majestueusement dans le paysage. Il domine et découvre Paris, qui, couché dans sa brume bleuâtre, apparaît comme une immense ville indécise et fantastique. Placé au sommet d'un coteau que continue une plaine sèche et pierreuse, Bicêtre a longtemps souffert de la soif ; il manquait d'eau, il n'y avait ni puits ni fontaine ; chaque jour, on allait chercher l'eau à la Seine, au port l'Hôpital, à peu près à l'endroit où s'élève aujourd'hui le pont d'Austerlitz. Une telle pénurie d'un des éléments indispensables à l'existence créait uni inconvénient assez sérieux pour qu'il ait été question au commencement du XVIIIe siècle d'abandonner une maison si mal située. Germain Boffrand fut chargé de faire des sondages et de reconnaître s'il n'existait pas dans l'enceinte même de l'établissement une source ou une nappe d'eau qui pût désaltérer la population de Bicêtre. Il se mit à l'œuvre en 1733, et en 1735 il avait creusé ce fameux puits dont la célébrité est universelle. C'est un immense puisard d'un aspect vraiment imposant. Lorsqu'on se penche au-dessus de la margelle, qui a 5 mètres de diamètre, on voit briller l'eau qui, à une profondeur de 58 mètres, paraît toute noire. Selon la saison, la nappe exploitable est de 3 à 4 mètres. Les 5 derniers mètres de l'excavation ont été creusés dans le roc vif ; tout le reste est maçonné au ciment romain. C'étaient les pensionnaires de Bicêtre qui jadis étaient condamnés à extraire l'eau nécessaire aux besoins de la maison. A cet effet trois brigades, composées chacune de 32 hommes pris parmi les indigents, les aliénés et les épileptiques, étaient sur pied jour et nuit. A l'aide d'un cabestan à huit branches, à chacune desquelles 4 hommes étaient attelés, on manœuvrait deux seaux contenant 270 litres, qui, montant et descendant, se faisaient équilibre dans la longue gaine de pierres. On arrivait ainsi à verser dans le réservoir 156,600 litres d'eau en vingt-quatre heures ; mais c'était au prix d'une peine excessive qu'augmentaient encore les attaques subites dont les épileptiques et les fous étaient souvent atteints. Cette méthode primitive, à laquelle il était cruel d'astreindre des vieillards, et que nous avons blâmée au dépôt de Villers-Cotterets, où elle est encore employée, fut maintenue jusqu'en 1857. A cette époque, elle céda la place à un manège tourné par des chevaux, qui, ne donnant point de résultats satisfaisais, disparut à son tour devant l'installation d'une machine à vapeur. Celle-ci donna facilement 280,000 litres d'eau en dix heures ; mais, cette quantité ne suffisant pas encore, la Seine fournit 150,000 litres, et l'aqueduc d'Arcueil 50,000. Cette masse énorme est reçue dans de magnifiques réservoirs voûtés qui, s'ils ne rappellent pas Bin-Bir-Direck, la citerne aux mille et une colonnes de Constantinople, n'en sont pas moins d'une construction très habile, disposés de manière à conserver dans toutes les conditions de salubrité possible 1,139,005 litres d'eau, qui suffisent largement aux exigences de Bicêtre, dont la consommation n'est que de 400,000 litres par jour.

C'est une ville que ce Bicêtre ; il couvre plus de 21 hectares de superficie (212,959m,50 c). Lorsque nous l'avons visité, il contenait 2,981 habitants. Il y a plus d'une sous-préfecture de seconde classe qui n'est pas aussi peuplée. Plantées en quinconces, sous lesquels les pensionnaires trouvent des bancs pour se reposer, les cours sont entourées par des portiques qui offrent un lieu de promenade et un abri pendant le mauvais temps. Dans la journée, tout le monde est éveillé dès sept heures du matin en hiver, dès six heures en été. Comme il faut avoir soixante-dix ans accomplis ou être frappé d'une infirmité incurable pour être admis dans l'hospice, on peut imaginer que les *administrés*, c'est ainsi qu'on les nomme, ne sont point positivement ingambes. Assis par groupes ou se promenant à pas lents, appuyés sur une canne, ils sont presque tous déjà courbés vers la terre, qui les réclame. Quelques-uns, se tenant raides encore malgré leur grand âge, marchant les épaules effacées et la tête droite, n'ont pas besoin de montrer leur médaille de Sainte-Hélène pour prouver qu'ils sont d'anciens soldats. Ceux-là s'arrêtent volontiers ; du bout de leur bâton, ils dessinent des lignes sur le sable et s'animent en parlant. Si on les écoute, on les entend dire : « Le maréchal passa au galop, son chapeau tout de travers, il se tourna vers nous en criant comme un possédé ; » ou bien : « A peine avons-nous le temps de nous former en carré, voilà ces diables de dragons qui reviennent. » Ces vieux braves se racontent, sans se lasser jamais, leur dernière bataille. Laquelle ? Waterloo.

Parmi les vieillards admis en hospitalité à Bicêtre, les plus nombreux sont les septuagénaires, 328 ; de soixante-quinze à quatre-vingts ans, le chiffre diminue déjà, 209 ; de quatre-vingts à quatre-vingt-cinq, il s'affaiblit encore dans une proportion notable, 133 ; de quatre-vingt-cinq à quatre-vingt-dix, on n'en compte plus que 26 ; de quatre-vingt-dix à quatre-vingt-quinze, il n'en reste que 6, témoins vivants de la révolution ; au-delà de quatre-vingt-quinze ans, il n'y en a plus. Les années, les infirmités, qui pèsent double sur des hommes d'un si grand âge, ne leur ont point laissé une mansuétude extrême dans le caractère ; dans tout hospice de la vieillesse, les sentiments qui dominent sont la haine, l'envie, le besoin de nuire. Entre eux, ces béquillards se disputent, s'injurient ; ils se provoquent, se cachent des gardiens pour « vider leurs querelles, » ont des combats où les insultes d'ailleurs tiennent plus de place que les horions, car dans leurs mains le bâton qu'ils brandissent ressemble au *telum imbelle* de Priam. Ce troupeau de vieillards est fort malaisé à conduire : ils ne se révoltent plus comme autrefois, mais ils font une opposition systématique à tout règlement. D'avance ils trouvent tout absurde, même le gouvernement qui les fait vivre. On ne doit pas en être surpris. Certes ils sont ingrats, et ne considèrent pas assez combien c'est un grand bienfait pour eux que d'être admis dans cette maison hospitalière, où leur repos est assuré jusqu'à la fin de leurs jours ; mais pour en arriver là, pour en être réduit à considérer comme une grâce suprême de pouvoir manger la pitance hospitalière, il faut avoir subi tant de déboires, tant de misères, tant de désillusions, qu'il reste au fond du cœur un levain d'amertume contre l'humanité tout entière, contre la vie elle-même. C'est ce qui les rend excusables, ces malheureux, et c'est ce que les rapports administratifs font ressortir avec une sage indulgence lorsqu'ils constatent que la population de Bicêtre est toujours mécontente et frondeuse ; ils ajoutent cependant une observation qui semble contradictoire : « il est à remarquer, disent-ils, que les administrés qui ont reçu le plus d'éducation, qui ont connu l'aisance, sont ceux qui se plaignent le moins. » Pour ces derniers sans doute, c'est l'orgueil qui leur ferme la bouche. Quoi qu'il en soit, en 1848, pendant les journées de juin, on a pu voir quel esprit animait ces vieillards ; le principal meurtrier du général Bréa appartenait à l'hospice de Bicêtre.

La majeure partie des pensionnaires est formée d'anciens artisans, de vieux militaires, à qui nulle blessure grave n'a ouvert les portes de l'Hôtel des Invalides, de domestiques qui n'ont pas su faire d'économies. A côté de ces indigents, et ne s'y mêlant qu'avec réserve, vient un certain nombre de déclassés qui ont connu de meilleurs temps : ce sont des artistes, des écrivains, des professeurs, des inventeurs, des commerçants, des fonctionnaires, qui, par suite d'incurie, de malheurs, se sont trouvés réduits à solliciter une place à l'hospice. Ceux-là sont vraiment à plaindre, et cependant l'on vient de voir que ce sont eux qui se plaignent le moins. Tous du reste, par l'effet soit de l'âge, soit de la désespérance, soit du mauvais exemple, ont le même vice, l'ivrognerie. Ils peuvent sortir le jeudi et le dimanche, à la condition d'être rentrés à neuf heures. Après la révolution de février, les sorties avaient été rendues quotidiennes ; mais les abus devinrent si graves, qu'un arrêté du 17 janvier 1850 décida qu'il n'y aurait plus que deux jours de liberté par semaine. Pour l'usage qu'on en fait, c'est bien assez. Il faut s'asseoir vers huit heures, par une soirée d'été, à la porte extérieure de l'hospice, et voir les pensionnaires oscillant, titubant, tombant, débraillés, la casquette sur le coin de l'oreille, chantant d'une voix chevrotante quelque refrain obscène, pour comprendre que le vin et l'eau-de-vie sont devenus pour eux une jouissance impérieuse. Les environs de Bicêtre sont peuplés de cabarets où s'engloutissent toutes les ressources de ces pauvres diables. Lorsqu'ils reviennent dans un état d'ivresse trop accusé, on les punit, on les prive de sortie, comme des collégiens paresseux. La passion est plus forte, et, dès qu'ils sont dehors, ils retombent aussitôt dans leur péché de prédilection.

D'autre part, c'est peut-être à ce goût des liqueurs fortes, qui coûte cher à satisfaire, qu'il faut attribuer l'ardeur au travail qu'ils témoignent presque tous. En effet, si l'on constate qu'ils n'ont en général aucun sentiment religieux, on remarque qu'ils sont actifs et assidus. L'administration, sentant qu'une occupation constante est, dans une maison si peuplée, une cause essentielle de tranquillité et de nonne tenue, encourage le plus qu'elle peut les pensionnaires au travail. Elle a des ateliers de tailleurs où se font les raccommodages de la maison, des ateliers de cordonnerie où l'on fabrique les chaussures ordinaires et même les chaussures orthopédiques qui sont commandées par le bureau central, et des ateliers de tapissiers où l'on ne répare, à proprement parler, que les matelas, les sommiers et les traversins. Tous les ouvriers, dirigés par un surveillant contre-maître, appartiennent au personnel de la maison, et sont pris indistinctement parmi les indigents, les épileptiques et les aliénés. On a réservé le rez-de-chaussée de l'ancienne Force pour les corps d'état isolés qui ont besoin d'un outillage spécial. Une très vaste salle est divisée en un grand nombre d'échoppes, qui servent d'ateliers particuliers aux indigents valides ; c'est une faveur très recherchée d'être admis dans cette espèce de bazar, où l'emplacement, variant de 1 mètre 70 à 5 mètres, est loué en raison de 50 centimes à 1 franc 50 par mois. On y gratte la corne, on y polit le papier, on y roule des carcasses de pétards, on y enfile des perles, on y prépare des mèches de veilleuse, on y tourne des ronds de serviette, on y enlumine des gravures communes dans des baguettes de châtaignier, on y taille des *faussets* destinés à oblitérer les trous que les marchands de vins et les employés de l'octroi font d'un double coup de foret aux tonneaux dont ils veulent goûter le contenu. Chacun arrange son achoppe à sa guise ; il en est peu qui ne soient ornées d'un fragment de miroir. Les infirmes, les impotents, ceux qui ne peuvent quitter leur lit, mais qui ont conservé le libre exercice de leur main, obtiennent la permission de travailler dans les dortoirs ; on a été obligé de limiter les autorisations accordées et de veiller à ce que chaque ruelle ne devînt pas une sorte d'atelier muni de tours, encombré de matières premières, bruyant et tout à fait incompatible avec un lieu spécialement destiné au repos. Il en était ainsi autrefois, et ce n'est pas sans peine qu'on est parvenu à donner aux dortoirs l'apparence qu'ils doivent présenter. Jadis l'incurie administrative était poussée à ce point que chaque pensionnaire avait près de son lit même l'attirail d'un petit ménage, sans oublier le fourneau sur lequel il faisait cuire toute sorte de ragoûts. Les salles étaient infectées par une perpétuelle odeur de cuisine, qui devenait presque un danger.

Sous le rapport des repas, de notables améliorations ont été introduites par l'administration ; de 1841 à 1850, on a construit de grands réfectoires où toute la population valide est tenue d'aller manger. Avant cette époque, les vivres, distribués à heure fixe, étaient consommés dans les dortoirs, dans les cours, an grand mépris de la propreté et de la salubrité ; de plus bien des ivrognes vendaient leur ration à vil prix, afin d'avoir quelques sous pour les jours de sortie. Tout est fort bien ordonné à cette heure, et seuls les infirmes ont droit de manger dans le dortoir. Comme tous ces vieillards ont constamment soif, la pharmacie met chaque jour à leur disposition 1,500 litres de coco, qu'ils vont puiser eux-mêmes dans une immense cuve qui contient l'eau et les bâtons de réglisse. Il va sans dire que cette tisane n'est rien moins que de leur goût, et deux fois par jour, de sept heures à neuf heures du matin, de une heure à trois heures de l'après-midi, ils peuvent aller à la cantine, où ils trouvent en quantité déterminée du vin rouge, du vin blanc et même de l'eau-de-vie. Cette cantine est gérée et alimentée par l'administration ; autrefois il en était autrement. Avant 1802, un débitant vendait à boire à tous les reclus sans distinction. Un rapport fait en 1790 établit que le bénéfice net de cet industriel était en moyenne de 46,090 livres par an. Deux arrêtés du conseil général des hospices, l'un du 29 avril, l'autre du 17 septembre 1802, supprimèrent le débit, et mirent la cantine en adjudication pour une somme qui s'éleva progressivement de 13,000 à 18,000 fr. Le fermier ne cherchait qu'à réaliser un gain considérable, livrait des boissons frelatées ; on buvait à toute heure, l'ivrognerie régnait en permanence à Bicêtre avec tous les désordres, qu'elle comporte. Les inconvénients de ce système furent tels qu'en 1837 trois arrêtés successifs, du conseil général des hospices abolirent le fermage des boissons et décidèrent, l'établissement d'une cantine gérée par l'administration. Les résultats ont dépassé tout ce qu'on avait pu espérer, car depuis lors la maladie et la mortalité ont diminué d'un dixième. Les salles de la cantine ressemblent à celles d'un grand cabaret : murailles nues, sol bitumé, tables et bancs en bois, comptoir d'étain défendu par une petite barrière derrière laquelle se tient le sommellier. On est surpris en voyant une large pancarte indiquant qu'il est défendu de fumer. Une telle prohibition dans un lieu réservé spécialement « au culte de Bacchus » paraît bien excessive. Du reste, lorsqu'on voit répété sur tous les murs d'une maison la phrase sacramentelle : « il est interdit de fumer, » on est à coup sûr dans une dépendance de l'assistance publique, car jamais une administration n'a fait une telle guerre au tabac, le directeur général lui-même s'en abstient certainement tout le premier.

Malgré les améliorations qu'on n'a cessé d'apporter à l'hospice depuis trente ans, la place n'a pas encore, dans certains services, toute l'ampleur désirable, il y a des dortoirs, celui de la salle Saint-Augustin, par exemple, qui contiennent beaucoup trop de lits 120 réglementaires et 20 supplémentaires.. Si vaste que soit une chambre, il est contraire aux exigences les plus simples de la salubrité d'y entasser 140 personnes, et surtout 140 vieillards qui tous sont plus ou moins sujets à quelque infirmité. Le dortoir Saint-Augustin est cependant fort recherché malgré ce dangereux encombrement. La cause qui le rend précieux aux administrés de Bicêtre est assez bizarre pour mériter d'être expliquée. Ce dortoir est placé de façon à laisser voir Paris tout entier. Lorsque pendant la nuit un incendie s'allume dans la grande ville, un des pensionnaires donne bien vite la nouvelle ; tous se réunissent aux fenêtres, se tassent les uns contre les autres, discutant sur le lieu précis du sinistre, riant si les flammes prennent des proportions imposantes et s'amusant beaucoup, car, ainsi que disait l'un d'eux,. « Ils ont si peu de distractions ! » Au surplus, l'insensibilité de ces vieillards est vraiment extraordinaire ; leur cœur semble avoir été ossifié par l'âge. Un vieux brave homme très honnête, et que bien des écrivains ont connu, était entré aux Incurables ; il nous écrivit, nous priant avec instance, d'aller la voir. Quand j'arrivai, il me, dit : « J'ai quelque chose à vous dire, mais j'ai oublié ce que c'est, attendez-donc, ah ! voilà : ma femme est morte il y a quatre jours ; je savais bien que j'avais quelque chose à vous dire. » Et notez que ce malheureux avait été un mari modèle.

Cependant, s'ils oublient volontiers les autres, ils ne négligent pas de penser à eux-mêmes, et ils ont fondé entre eux une société de secours mutuels, inaugurée en 1858, reconstituée en novembre 1863, et qui aujourd'hui fonctionne avec régularité sous la présidence du directeur de l'hospice. En dehors d'une cotisation régulière de 30 centimes par mois, chaque sociétaire doit verser un droit d'entrée qui varie selon son âge : avant 70 ans, 3 francs ; de 70 à 76 ans, 5 francs ; après 76 ans, 8 francs. Tout sociétaire malade est transporté à l'infirmerie, reçoit 21 sous par mois, et, s'il meurt, il n'est pas jeté au corbillard banal ni à la fosse commune : on lui fournit un convoi de 12 francs 50 centimes, et l'on dépose sa dépouille dans un terrain surmonté d'une croix commémorative. Autrefois le cimetière réservé aux pensionnaires de Bicêtre attenait à la maison même et longeait le chemin des Coquettes ; il a été définitivement fermé et abandonné le 15 décembre 1860. Aujourd'hui les morts sont portés au cimetière d'Ivry, à ce *Champ des navets* où l'on verse les épaves de la morgue et de l'échafaud. Lorsqu'un des membres de la société de secours mutuels est décédé, tous les pensionnaires sont prévenus par une affiche appliquée sur les piliers des cours, et la plupart se font une sorte de devoir d'assister au service funèbre, qui se fait dans la chapelle élevée en 1669 par Levau, chapelle d'un style fort médiocre, comme la plupart des édifices religieux de cette époque.

Ainsi que dans tous les autres établissements hospitaliers, les différents services sont séparés ; un corps de logis spécial, vieux, mais restauré et tant bien que mal approprié aux exigences, est réservé à ce que l'on appelle les *grands-infirmes*. Ce sont les paralytiques, les cancérés et les gâteux. En entrant dans les dortoirs où ces malheureux croupissent, on s'étonne que la mort se soit arrêtée sur le seuil. Le spectacle d'une vie inutile, inconsciente, immobilisée, pleine de souffrance, dégoûtante, qui persiste en dépit de l'âge et des infirmités accumulées, est fait pour révolter le cœur, surtout lorsque l'on pense, — et dans de tels lieux cette impression vous saisit inévitablement, — à tant d'êtres jeunes, intelligents, aimés, indispensables, qui sont partis avant l'heure et ont laissé après eux des regrets que rien ne peut éteindre. — Les plus hideux parmi ces cadavres vivants, ceux dont il est difficile de s'approcher sans répulsion, ce sont les gâteux. Ceux-là sont retournés vers tous les inconvénients de l'enfance. Leurs lits, qu'ils ne quittent jamais, s'appellent des *auges*) de hauts côtés en bois les protègent contre les chutes, ils dorment sur des paillasses qu'il faut changer au moins tous les jours. On doit les traiter comme des nouveau-nés, les faire manger, les laver, leur rendre enfin tous les soins. Par un contraste étrange et qui est à l'honneur de l'humanité, le personnel des infirmières est aussi bon dans les hospices qu'il est déplorable dans les hôpitaux. On dirait qu'à force de vivre avec les mêmes infirmes, de les secourir, de pourvoir à tous leurs besoins, on finit par s'attacher à eux et par aimer cet épouvantable métier, qui ne donne ni repos ni trêve. J'avais remarqué une infirmière, grosse fille mafflue d'une quarantaine d'années, qui s'empressait autour des auges, et joyeusement faisait manger les gâteux. Je l'interrogeai. — Combien avez-vous de lits à soigner ? — Quinze. — Combien de temps dure votre service quotidien ? — De 5 heures du matin à 6 heures du soir. — Depuis quelle époque êtes-vous aux grands-infirmes ? — Depuis 18 ans. — Combien gagnez-vous par mois ? — 21 francs. — Vous aimez votre état ? — Ah ! oui, monsieur ; sans mes malades, je m'ennuierais trop.

Tous les paralytiques ne sont point dans ces funèbres dortoirs ; quelques-uns, qui peuvent encore remuer les bras, sont placés dans de petits chariots à quatre roues qu'ils sont capables de mettre eux-mêmes en mouvement, et à l'aide desquels ils se promènent. Quand le chariot verse, c'est tout de suite un événement, et l'on va chercher les infirmiers pour ramasser le pauvre diable. Souvent les contusions, sont assez graves pour que le blessé soit transporté à l'infirmerie, qui est très belle, et où l'on garde douze lits, qu'on appelle *lits externes*, pour les t des villages voisins, exposés par leur métier même à subir quelquefois des accidents redoutables dans les carrières qu'ils exploitent. Nous avons vu là un homme attaqué d'un œdème effroyable, sorte d'éléphantiasis qui lui tuméfie les extrémités, lui gonfle les membres et l'empêche de se mouvoir. Il est suspendu dans un appareil construit exprès pour lui. Il a trente-neuf ans, en voilà quatorze qu'il est dans cet état. Ses ongles poussent, tombent, repoussent comme les feuilles des arbres ; parfois il souffre le martyre et pleure comme un petit enfant. Il aime l'existence et dit : « Quand je serai guéri… »

Comme une ville, l'hospice de Bicêtre fait son gaz lui-même, a une usine bien outillée, qui, construite de 1858 à 1860, occupe un emplacement voisin de la chapelle protestante et des salles réservées au repos des morts, aux autopsies et aux ensevelissements. La buanderie, les magasins généraux, la pharmacie, qui est très amplement pourvue, les celliers, sont en rapport avec l'importance de cette vaste institution hospitalière ; mais la lingerie dépasse tout ce qu'on peut voir en ce genre ; c'est un musée de serviettes et de sonnets de coton. Chaque catégorie de linge est pliée d'une façon particulière, par douzaine, et assemblée de manière à former un dessin spécial, de sorte que l'on peut reconnaître à première vue combien on possède de paires de draps, de bas ou de chemises. Ce n'est pas sans un certain orgueil que la surveillante chargée de ce service en montre les détails, qu'on ne se lasse pas d'admirer. C'est à Bicêtre que l'assistance publique a installé la vacherie dont elle tire le lait qui lui est nécessaire pour la consommation des hôpitaux et des enfants assistés. Le seul moyen que l'administration ait encore imaginé pour avoir du fait pur est d'entretenir des vaches et de les faire traire elle-même ; de cette façon, elle est du moins assurée de la sincérité des produits qu'elle envoie aux malades. L'étable est large, et nous y avons compté dix-huit beaux animaux, qui ruminaient couchés sur une haute litière.

Tels sont les différents services qui appartiennent ou sont rattachés à l'hospice de Bicêtre. Il serait peut-être à désirer que la maison fût exclusivement réservée aux indigents et aux infirmes, et qu'on en éloignât les épileptiques, les idiots et les fous, que nous voudrions voir enfermés dans des établissements spéciaux ; les divisions qu'ils occupent, les vastes bâtiments où ils sont logés, donneraient des places enviées à tous les vieillards qui traînent dans nos rues, dans les garnis infects, une existence misérable, et que la préfecture ramasse pour les envoyer dans les dépôts de Saint-Denis et de Villers-Cotterets, mais qui par leur âge, par l'impossibilité où ils se trouvent de subvenir aux besoins les plus impérieux de la vie, semblent désignés pour obtenir un asile à l'hospice de la vieillesse. Cette confusion de l'indigence et de la maladie nerveuse, de la caducité et de l'insanité mentale, donne à Bicêtre, malgré ses très larges proportions et son aspect grandiose, un caractère pénible qui rappelle trop celui des maladreries du moyen âge, et qui semble une anomalie avec le progrès dont l'assistance publique a si souvent pris la généreuse initiative. Malheureusement cette confusion regrettable, nous allons la retrouver en étudiant la Salpêtrière.

II

Sur le boulevard de l'Hôpital, à côté de la gare du chemin de fer d'Orléans et presque en face du Jardin des Plantes, s'ouvre la grande porte de la Salpêtrière. Dès qu'on la franchit pour pénétrer dans la vaste cour divisée en quatre parterres inégaux et entourée d'arbres, dès qu'on a devant les yeux le désagréable dôme octogone de la chapelle, élevée en 1669, une image s'impose immédiatement à l'esprit. Le visiteur, pour peu qu'il soit lettré, ne songe ni à Pompone de Bellièvre, qui fut le vrai créateur de la maison, ni à la comtesse de Valois-Lamotte, qui y fut amenée en fiacre après la terrible matinée du 21 juin 1786 ; il ne se souvient que de Manon Lescaut, Le peintre a été si habile que la fiction est devenue plus vivante que la réalité, et qu'il faut faire un certain effort de raisonnement pour ne pas demander aux surveillants de vous conduire à la cellule où la maîtresse de Desgrieux fut si cruellement enfermée, et où elle cachait « ce teint de la composition de l'amour » sous l'humble cornette des prisonnières. D'ailleurs, cette inévitable impression s'efface vite à l'aspect de vieilles femmes assises sur les bancs, et l'on comprend aussitôt que l'hospice a perdu le caractère de maison correctionnelle qu'il avait au siècle dernier. C'était, dit une notice faite en 1657 pour le cardinal de Mazarin, « un grand emplacement de 18 à 20 arpents dans lequel il y avait divers corps de bâtiment de 30 à 40 toises de long, en forme de grange, où se faisait le salpêtre, et d'autres où il y avait une fonderie et quelques lieux propres à des magasins. » On l'appelait communément *le petit arsenal* ; l'édit royal du 27 avril 1656 en fit don à l'administration de l'Hôpital-Général, et décida qu'il serait mis en état de ; recevoir les mendiants.

La Salpêtrière et Bicêtre semblent avoir été faits pour une destinée commune. Comme l'hospice de la vieillesse (hommes), l'hospice de la vieillesse (femmes) a contenu une population où tous les éléments se trouvaient confondus. Tenon, dans son rapport de 1788, dit qu'on y rencontrait « des femmes et des filles enceintes, des nourrices avec leurs nourrissons, des enfants mâles depuis l'âge de sept ou huit mois jusqu'à celui de quatre à cinq ans, des jeunes filles de tout âge, des vieilles femmes et des vieillards mariés, des folles furieuses, des imbéciles, des paralytiques, des épileptiques, des estropiés, des teigneuses, des incurables de toute espèce, » tout cela pêle-mêle. Il s'y trouvait même des femmes atteintes d'écrouelles, car à cette époque la vertu miraculeuse s'était retirée de nos rois, et c'est en vain que Louis XVI aurait dit : « Je te touche, Dieu te guérisse. » Dans les jardins, des marchands avaient dressé des baraques où se tenait une foire perpétuelle ; « c'est un cloaque affreux, » disent Camus et Larochefoucauld-Liancourt., Au centre même de l'hospice, s'élevait une geôle divisée en quatre services distincts : le *Commun*, maison d'arrêt pour les filles publiques, — la *Correction*, réservée aux filles débauchées qui pouvaient revenir au bien, — la *Prison*, où l'on gardait les personnes arrêtées par ordre du roi, — la *Grande-Force*, destinée aux femmes flétries par la justice. Les malheureuses qui étaient détenues au mois de septembre 1792 ne furent point épargnées, le massacre fut plus régulier qu'à Bicêtre ; mais il n'en coûta pas moins la vie à trente-cinq victimes, qui toutes, il faut le dire, portaient sur l'épaule la lettre V, dont à cette époque on marquait les criminels condamnés pour vol. Lorsque le conseil général des hospices prit possession de la Salpêtrière en 1802, on se mit rapidement à l'œuvre pour épurer cette maison gangrenée, rendre les détenus aux prisons, renvoyer les enfants, les filles-mères, les hommes mariés, et pour lui donner enfin le caractère exclusif d'un hospice consacré aux femmes vieilles, indigentes et infirmes. Cependant, malgré les réclamations du conseil général, on y conserve des divisions affectées au traitement des épileptiques et des aliénés.

La Salpêtrière a supporté, il y a peu d'années, un désastre considérable. Le choléra de 1832 n'avait pas frappé sur l'hospice avec une intensité trop grande ; il avait traversé, il est vrai, ces vieilles salles imprégnées de la contagion de deux siècles, mais sans dépasser la mesure qu'il observait dans les autres quartiers de Paris ; sur 5,000 pensionnaires, on ne compta que 546 malades et 328 décès. De 1832 à 1849, des améliorations matérielles sans nombre furent apportées à la Salpêtrière ; les services furent organisés avec plus de soin, les cours dégagées, les dortoirs agrandis, ce qui permit de remédier à l'entassement des lits. Quand 1849 arriva, on était donc légitimement en droit d'espérer que l'épidémie serait cette fois plus clémente encore. Il n'en fut rien. On eût dit qu'ouverte dans la direction de l'est, d'où vient le choléra, la Salpêtrière recevait les premiers coups et les amortissait au bénéfice de la ville tout entière. Il y eut en 1849, sur cette malheureuse maison, deux attaques parfaitement distinctes qui l'ont décimée. La première eut lieu au mois d'avril ; sur 4,252 pensionnaires, 546 furent atteints par le fléau, et 422 moururent ; la seconde, aussi brutale, profita des grandes chaleurs et se manifesta au mois de juin. L'hospice n'avait plus qu'une population de 3,710 individus ; le choléra en frappa 542 et en tua 420. Dans l'intervalle de ces deux assauts, le mal et la mort s'étaient ralentis, sans cesser cependant leur œuvre de destruction. Aussi, lorsque l'épidémie disparut et que l'on fit les comptes funèbres, on constata que, sur 1,859 personnes atteintes, 1,402 avaient péri. Dans certains dortoirs, la mortalité fut effroyable. A la salle Sainte-Madeleine, réservée aux cancérées et aux gâteuses, il y avait une cholérique sur deux pensionnaires, et les décès s'élevèrent au chiffre énorme de 84 pour 100. Le personnel des surveillantes, des infirmières, des médecins, fut admirable d'abnégation, et le directeur de la maison mourut debout, brisé par le fléau contre lequel il luttait au premier rang. Dans les cas d'épidémie, c'est à Bicêtre et à la Salpêtrière que l'assistance publique demande secours ; on profite des vastes dimensions de ces deux établissements pour y installer des malades. Pendant la contagion variolique qui, cet été, a sévi sur Paris, on avait organisé un service de varioleux à la Salpêtrière, dans des bâtiments condamnés à tomber bientôt, et un service de convalescents à Bicêtre. Ce n'est pas la place qui manque, car, si Bicêtre rappelle une petite sous-préfecture, la Salpêtrière ressemble à une sous-préfecture de première classe. C'est vraiment une ville. Elle s'étend sur une superficie de 31 hectares (308,821 mètres), et comprend quarante-cinq corps de logis recevant le jour de 4,682 fenêtres. La population de la Salpêtrière au 31 décembre de 1869 était de 4,551 âmes. C'est du reste, croyons-nous, le plus grand hospice connu dans le monde entier. Dans les hôpitaux ordinaires, c'est le portier qui est cantinier et qui débite aux pensionnaires les denrées autorisées. Ici, il ne peut en être de même, la population est trop considérable ; aussi, en dehors d'une cantine générale, qui ne diffère que bien peu de celle de Bicêtre, a-t-on été obligé d'ouvrir, à l'intérieur même de la maison, un véritable marché, où l'on rencontre des fruitiers, des épiciers, un café, des marchands de tabac. J'ai vu là quatre ou cinq vieilles femmes qui fumaient gravement leur pipe. Comme je m'approchais, elles se sont levées en me faisant le salut militaire, et j'ai reconnu d'anciennes vivandières de régiment. Il est dans le marché une boutique qui, plus que toute autre, est constamment en activité, c'est celle de la blanchisseuse, qui, malgré les nombreuses ouvrières qu'elle emploie, ne parvient pas à satisfaire « toutes ses pratiques, » tant elle a de fichus et de bonnets à blanchir, à repasser, à plisser, à tuyauter, à goudronner. La coquetterie des pensionnaires est inexprimable, et, lorsque vient le jour de visite ou le jour de sortie, elles n'ont ni fin ni cesse pour affubler leurs vieilles personnes de quelque bel affiquet tout battant neuf.

Cette coquetterie est-elle tout à fait platonique ? Si l'on pouvait lire les correspondances qui bien souvent sont échangées entre Bicêtre et la Salpêtrière, on hésiterait à en répondre. Lorsque pour les besoins du jardin, pour des transports de bois, pour ce que l'on appelle les gros ouvrages, on fait venir au boulevard de l'Hôpital quelques-uns des pensionnaires les moins invalides de Bicêtre, on ne peut imaginer de quels soins ils deviennent immédiatement l'objet de la part des pauvres vieilles, qui les regardent passer avec des regards pleins d'attendrissement. Si elles maudissent quelque chose, ce n'est point leur âge, c'est la discipline qui les arrête plus souvent qu'elles ne voudraient. Leur cœur est encore si faible, si enclin aux doux épanchements, que, le dimanche et le jeudi, pendant les trois, heures réglementaires où l'entrée de l'hospice est rendue publique, on est obligé de les surveiller d'une façon toute spéciale pour les empêcher de donner leur ration à de vieux gueux sans vergogne qui, sous prétexte de venir les voir, se font nourrir par elles, et leur extorquent les quelques sous qu'elles ont pu gagner pendant la semaine.

La compassion intéressée qu'elles éprouvent pour les débris du sexe auquel elles n'appartiennent pas, elles ne la ressentent guère les unes pour les autres. Entre elles, ces femmes sont acariâtres, sottisières et mauvaises. Elles se disputent sans cesse, se prennent au bonnet, et l'on a bien de la peine à rétablir la concorde. Lorsqu'elles entrent à l'hospice, emportées par la mobilité d'impression naturelle aux femmes, elles se lient avec leurs compagnes de chambrée, leur racontent tout ce qu'elles ont fait, et se livrent parfois à des confidences qui ressemblent bien à des confessions. Ces belles amitiés ne durent guère, les disputes leur succèdent, et, comme les pensionnaires de l'hospice sont aussi fortes en gueule que les servantes de Molière, Dieu sait avec quelle acrimonie, quels verbes violents, elles se reprochent ce que la veille peut-être elles se sont confié avec tant d'abandon. Si, dans des heures d'épanchement, elles se sont entre elles dévoilé leur passé, elles le cachent soigneusement à l'administration. Il y a parmi ces femmes des domestiques, de petites boutiquières, des marchandes des quatre-saisons, des ouvrières ; on y a retrouvé des femmes colosses qui avaient eu leur jour de célébrité dans les foires, des filles vieillies que la prostitution avait inscrites sur ses registres. C'est à la Salpêtrière que mourut la femme du fameux Coignard, le faux comte Pontis de Sainte-Hélène, et là aussi que sont venues finir, hideuses, et hébétées, bien des femmes qui, au temps de leur jeunesse, avaient vu à leurs pieds tout le Paris de l'élégance. Celles-ci, il est presque facile de les reconnaître ; elles ont conservé dans le regard une sorte d'impudence volontaire qui se mêle à une expression de tristesse indicible. Si elles ont été belles jadis, on ne s'en aperçoit guère ; la plupart sont d'une laideur inexprimable. Couchées dans leur lit, la tête couverte du bonnet blanc, le drap ramené sur les épaules, elles ressemblent à de vieux hommes ; elles ont la voix rauque et de la barbe au menton. Beaucoup d'entre elles, flottant entre le retour à l'enfance et la mort, sont tellement affaiblies qu'elles ne peuvent supporter ni reproches ni observations ; elles ont peur de tout, et, quand on les regarde, elles se mettent à pleurer. D'autres au contraire, énergiques et très vivantes malgré leur âge, oscillent entre la folie et la raison. En général, celles-ci sont taciturnes, renfrognées, en dessous, pour me servir d'une locution vulgaire très expressive. Elles se croient en butte à des persécutions ; des voix leur parlent, qui les menacent, mais ne les effraient pas ; elles aiment la lutte, la cherchent, s'y jettent avec une extrême violence. A leur avis, tout est mauvais, le lit, la nourriture, le vin, les médicaments ; on a fort à faire pour les calmer et les maintenir en paix. Ces malheureuses, que l'on pourrait, sans craindre de commettre une erreur, transporter dans la division des aliénées, occupent une salle à part, la salle Sainte-Eugénie, qui forme une sorte de section pénitentiaire, où cependant elles subissent le régime et la discipline imposés à toute la maison.

Celles qui sont restées valides et peuvent encore faire œuvre de leurs doigts travaillent pour le compte de l'administration. Les moins alertes font de la charpie, les autres cousent des draps, des chemises, ravaudent des bas, préparent des mèches de veilleuse ; il leur faut bien besogner pour gagner 4 ou 5 sous par jour. Quelques-unes ont conservé une adresse de mains et une acuité de vue extraordinaires ; une vieille, âgée de quatre-vingt-deux ans, surnommée *la fée*, ne se sert pas de lunettes, et fait des points piqués avec une perfection à rendre jalouse une lingère à la mode. On est très bon pour toutes ces vieilles femmes, qui geignent du matin au soir et sont revêches comme des têtes de chardons. D'habitude on ne les interpelle que par un petit nom d'amitié : « maman, » et les surveillantes déploient à leur égard une inaltérable mansuétude. « Quels sont vos moyens de coercition ? » demandions-nous à l'une de ces employées. Elle me répondit : « La douceur. » En général, le personnel des surveillantes et des sous-surveillantes est excellent. Dans leur costume gris, coiffées du bonnet de tulle noir posé sur un bandeau de batiste blanche, elles ont une apparence austère difficile à définir, et qui a quelque chose à la fois de monacal et de protestant. Plusieurs appartiennent à de bonnes familles, ont été élevées à l'institut impérial de Saint-Denis, et disent avec orgueil qu'elles sont filles de la Légion d'honneur. Elles n'ont que des émoluments bien maigres, comparativement à la très pénible fonction qu'il leur faut remplir : au maximum, 500 francs par an. La règle qui leur est imposée n'est point vigoureuse, mais elle les astreint à une sujétion presque constante, car c'est tout au plus si chaque mois on leur accorde deux ou trois jours de liberté. Quant aux filles de service, il y en a qu'il faut admirer ; elles sont jeunes, charmantes, et trouveraient facilement, au lieu d'une rémunération illusoire pour un métier spécialement répugnant, une existence momentanée de plaisirs et de luxe.

Les dortoirs de la Salpêtrière, du moins ceux qui ont été améliorés depuis une trentaine d'années, sont très beaux, éclairés par de larges fenêtres et dans de bonnes conditions de salubrité. Comme on a voulu éviter l'encombrement, et que cependant il était indispensable de donner aux pensionnaires quelques meubles où elles pussent serrer leurs vêtements, tous les lits sont munis d'un grand tiroir et accostés d'une baraque, sorte d'armoire en chêne qui recèle les mille petits ustensiles si chers aux femmes. Lorsque la porte de ces capharnaüms est entr'ouverte, on aperçoit des fioles, de vieux pots de pommade, des tasses à demi pleines de salade, des sucriers, des coquetiers, des soupières ébréchées, et un tas d'autres inutilités qui composent le mobilier personnel de ces pauvres vieilles. Dans plus d'une de ces baraques s'élèvent de petites chapelles ornées de Vierges en plâtre, de fleurs de clinquant, d'images coloriées, devant lesquelles repose un bénitier. Près d'un lit occupé par une femme très âgée, j'ai vu un portrait à l'huile qui n'était pas absolument mauvais, et qui représentait de grandeur naturelle la tête d'une petite fille morte couronnée de roses blanches. J'ai regardé la femme, elle m'a compris, car, à la muette question que je lui adressais, elle a répondu : « C'est ma fille, voilà soixante ans que je l'ai perdue, je n'ai jamais quitté son portrait. » Ses yeux se mouillèrent, et elle ajouta : « C'est tout ce que j'ai sauvé du naufrage. »

Les anciens dortoirs, qui pour la plupart sont situés sous les combles, devraient être démolis et bâtis à nouveau. Ils sont en contradiction flagrante avec tous nos établissements hospitaliers. Il y en a qui sont trop étroits, beaucoup trop bas de plafond, trop peuplés, où les lits se touchent sans intervalle, et qui de plus sont littéralement empoisonnés par le voisinage de certains lieux mal aménagés et tout à fait rudimentaires. On pourrait croire que les pensionnaires apprécient les dortoirs neufs, et qu'elles considèrent comme une faveur d'y être admises ; loin de là, elles semblent ne rechercher au contraire que les coins obscurs où elles peuvent échapper plus facilement à la surveillance. Deux dortoirs, qu'on a surnommés l'un la *Forêt-Noire* et l'autre la *Chambre-des-Treize*, font l'objet de leur envie ; elles assaillent l'administration de demandes pour obtenir d'être placées dans ces salles privilégiées, qui sont au dernier étage des deux bâtiments en façade sur la cour d'entrée : le bâtiment Mazarin et le bâtiment Lassay. La perspective à cette hauteur est à la vérité splendide : elle embrasse tout Paris jusqu'aux collines de Belleville, de Saint-Cloud et de Meudon ; mais les vieilles sont blasées sur ce spectacle, que la faiblesse de leur vue leur rendrait du reste indifférent. Ce qu'elles aiment dans ces deux chambres, ce sont les chambres mêmes, qui cependant ne sont point belles. La *Forêt-Noire* est bien nommée ; c'est un long dortoir dont le plafond est soutenu par une telle quantité d'étais qu'on le croirait élevé sur pilotis ; de plus vingt et une grosses poutres transversales sont placées si bas qu'elles forcent un homme de taille moyenne à se courber. La *Chambre-des-Treize*, ainsi appelée à cause du nombre de lits qu'elle contient, est également empêtrée de poutrelles et de soliveaux. En outre ces deux salles sont faites en brisis ; le plafond, suivant la forme du toit, s'abaisse tout à coup et tombe sur le plancher à angle obtus. C'est cette disposition si désagréable aux yeux, si contraire à l'hygiène, qui rend ces chambres précieuses aux pensionnaires ; dans l'intervalle relativement considérable qui sépare leur lit de la muraille inclinée, dans ces recoins, elles installent quelques meubles, et trouvent moyen d'établir là une sorte de retrait qu'elles nomment pompeusement leur salon. Être dans la *Chambre-des-Treize* ou dans la *Forêt-Noire* est pour ces pauvres femmes un rêve toujours caressé, et que bien souvent la mort empêche de réaliser. Et cependant, pour atteindre à ces lieux fortunés, il faut gravir une centaine de marches, ce qui est bien dur pour des jambes de septuagénaire.

Le besoin d'isolement qui travaille toutes ces vieilles ne montre-t-il pas combien la vie forcée en commun est pénible pour la plupart des natures ? Ce besoin de fuir une compagnie imposée, de se recueillir, apparaît encore plus évidemment lorsqu'on sait à quelles obsessions le directeur est en butte dès qu'il se produit une vacance dans le bâtiment Saint-Félix. Cette construction dépendait sans doute de l'ancienne *Force*, c'est là que fut enfermée la comtesse de Valois-Lamotte, c'est là que, dans son désespoir, elle se plaçait en hiver à demi nue sous une fontaine ouverte, c'est de là qu'elle s'est sauvée en juin 1787, un an après son incarcération, sans qu'on ait jamais su, sans qu'on sache positivement encore aujourd'hui qui favorisa son évasion. Ce bâtiment est un carré long entourant un petit jardin ; si l'on en croit le rapport de M. de Pastoret, il contenait jadis deux dortoirs qu'on a coupés par des refends, et qu'on a divisés en soixante-huit chambrettes moins grandes que bien des cellules de prison. Il faut avoir donné l'exemple d'une conduite irréprochable, ou être appuyé par des recommandations sérieuses, pour obtenir la jouissance d'un de ces cabanons ; on les réserve ordinairement pour l'aristocratie de la Salpêtrière, pour les pensionnaires que des malheurs inattendus ont réduites à la triste condition de demander un suprême asile à la charité publique. Les privilégiées de Saint-Félix reçoivent de l'administration un lit, deux chaises, une commode et une armoire ; elles sont libres d'arranger à leur guise ce réduit qu'avec tant d'orgueil chacune d'elles appelle

« ma chambre. » On met des rideaux en perse à la fenêtre et autour du lit, on colle un papier gai sur la muraille, on accroche à côté de la croisée des portraits photographiques, on installe le chat familier sur un coussin, on a dans une cage quelques oisillons, serins ou chardonnerets ; en un mot, on ne recule devant aucun effort pour faire de ce cabanon un « chez soi, » et pour lui donner un caractère individuel qui est comme une protestation contre la règle uniforme de l'hospice. Toutes les heureuses qui vivent là et qui ont gardé quelques souvenirs palpables de leur existence passée les répandent avec complaisance autour d'elles ; sur une commode, nous avons remarqué une couronne de mariage et un bouquet virginal de fleurs d'oranger abrités par un globe de verre.

Comme à Bicêtre, on a consacré des divisions séparées aux grandes-infirmes ; mais le dortoir des gâteuses est bien encombré ; nous y avons compté soixante-trois lits. Un quartier spécial est réservé aux cancérées : jamais Dante ni Callot n'ont imaginé des monstres pareils à ceux qui sont là, et desquels on détourne son regard. La plupart des misérables qu'on a reléguées dans ces dortoirs isolés sont atteintes de l'horrible mal qu'on a bien nommé le *lupus*, car il est dévorant comme un loup ; c'est le même que le moyen âge appelait *noli me tangere*, ne me touche pas ! C'est la dartre rongeante, celle qui lentement, mais inévitablement, désagrège les tissus, les ouvre et les détruit jusqu'aux os, qu'elle met à nu. Chez les femmes, bien plus fréquemment que chez les hommes, elle se jette au visage et en fait une plaie vive, si épouvantable, si hideuse, qu'elle défie toute comparaison. La face est un mélange de tubercules, d'ulcères, de cicatrices blanches, qui laissent écouler une sanie perpétuelle. La peau, rugueuse, boursouflée par des soulèvements internes, semble être pralinés partout où elle n'est pas tombée sous l'action corrosive de cette maladie féroce. Les lèvres, le nez, les paupières mangées, donnent au visage l'apparence d'une tête de mort sanguinolente : c'est un cauchemar. L'une de ces malheureuses est devenue pour ses compagnes même un tel objet d'horreur qu'on lui enferme la figure dans un bonnet de cotonnade en forme de cornet qui la cache absolument aux regards. Par une ironie du sort, elle porte le nom de la magicienne des rajeunissements, elle s'appelle Médée. Les grandes-infirmes ont une infirmerie spéciale ; on les y transporte quand une maladie accidentelle vient s'ajouter à leur mai incurable. Pour les malades des autres services, il existe une grande infirmerie isolée entre deux parterres ; les salles en sont assez vastes pour qu'on ait pu placer les lits de telle sorte que chacun d'eux soit en face d'une fenêtre, disposition excellente, et qu'il serait bon d'appliquer autant que possible à nos hôpitaux. Toutes les pensionnaires qui ne sont pas retenues à l'infirmerie, soit au quartier des grandes-infirmes, soit dans leur dortoir respectif, par quelque indisposition, passagère, sont répandues dans les cours, dans les jardins, ou assises à l'ombre d'un immense quinconce, si touffu qu'il ressemble à un vrai bois, et qu'on appelle *la Hauteur*. C'est là qu'elles passent la plus grande partie de la journée à bavarder et surtout à médire les unes des autres.

Les cuisines de la Salpêtrière sont une curiosité ; celles de l'abbaye de Thelême devaient être ainsi. Avec les immenses fourneaux, les bassines de cuivre éblouissant, la rôtisserie active, les grandes tables où l'on découpe les viandes, les amas de légumes qu'on jette à la pelle dans les chaudières, avec les marmitons empressés et le chef grave qui attise les feux en jetant partout le coup d'œil du maître responsable, on pense involontairement aux apprêts de la noce du « riche Gamache. » La nourriture, qui nous a paru préparée avec soin, est distribuée dans des réfectoires ; on ne sert dans les dortoirs que les pensionnaires infirmes ou trop vieilles. Le repas qu'elles préfèrent toutes, ce n'est ni le dîner, ni le souper, c'est le déjeuner, qui cependant ne se compose que d'une tasse de lait chaud ; mais, moyennant 10 centimes, la cantine du marché leur fournit du café noir et deux morceaux de sucre, et elles peuvent alors faire « leur café au lait, » insipide boisson dont, toutes les femmes de Paris sont si friandes, au grand détriment de leur santé. C'est pour les habitantes de la Salpêtrière un tel besoin, qu'on ne le leur interdit jamais, même lorsqu'elles sont malades et réduites à la diète. Une femme portant un réchaud sur lequel pose une gamelle pleine de café passe littéralement sa journée à monter les escaliers, a entrer dans tous les dortoirs et à distribuer, contre paiement, la liqueur dont Mme de Sévigné avait prédit que le goût serait si tôt passé.

Les vastes dimensions de l'établissement ont permis d'y installer quelques services d'intérêt général, entre autres une buanderie et des ateliers de raccommodage. La Salpêtrière fait le blanchissage d'une partie des hôpitaux de Paris ; aussi la buanderie y est-elle organisée d'une façon supérieure. Autour de six bassins énormes, plus de deux cents femmes, placées dans des auges et dans des baquets, lavent le linge que nos maisons hospitalières envoient régulièrement. Il est inutile de s'appesantir sur ce qu'on voit là et sur les inconvénients que présenterait un tel amoncellement d'alèses, de bandes, de chemises, de draps maculés, si les hangars sous lesquels on travaille n'étaient ouverts à tous les vents. On a pu y constater, pendant la dernière épidémie de petite vérole, combien les idées reçues sont parfois démenties par les faits. Il est généralement admis que la pellicule variolique est un des agents de contagion les plus puissants. Les Chinois vaccinent en appliquant une pellicule pulvérisée dans l'intérieur de la narine. Les blanchisseuses de la Salpêtrière ont reçu tout le linge où les varioleux de nos hôpitaux avaient dormi, couché, étaient morts. Si des créatures humaines ont été exposées à prendre les germes d'une maladie qui se communique avec la plus extrême facilité, certes ce sont ces lavandières. Eh bien ! aucune d'elles n'a été atteinte.

On ne peut douter cependant que l'action de secouer fréquemment du linge ne porte un préjudice grave à la santé. Les ouvrières, les surveillantes employées au service spécial de la lingerie en fournissent la preuve. Ce sont elles qui reçoivent le linge lavé, séché et plié. En terme de ménage, elles le visitent, c'est-à-dire que, déployant chaque pièce une à une et l'examinant avec soin, elles voient et décident si elle doit être envoyée aux ateliers de raccommodage ou au magasin central. Toutes ces femmes ont mal au larynx, sont sujettes à une toux sèche et continue qui les fatigue beaucoup. L'espèce d'impalpable duvet qui se détache de la grosse toile, surtout lorsque celle-ci est fatiguée par l'usage et par des lessives répétées, pénètre dans les voies respiratoires, les irrite, provoque un picotement perpétuel, et finit par amener des affections sinon graves, du moins très gênantes. — Or presque tout le linge qui passe entre les mains des lingères de la Salpêtrière est du linge qui *peluche*, c'est le mot consacré, et il en résulte pour elles cette sorte d'inconvénient spécial auquel il serait facile de remédier en leur distribuant ces *respirateurs* en ouate de coton que J. Tyndall préconise et fait adopter avec tant de succès en Angleterre. Cet appareil, très facile à porter et dont le prix est extrêmement minime, appliqué sur la bouche et sur les narines, arrête au passage les corps étrangers, si imperceptibles qu'ils soient, et ne laisse passer que de l'air respirable absolument purgé de toute matière parasite. Les femmes de la lingerie se font aider dans leur fatigante besogne par des pensionnaires valides. Comme il faut une certaine vigueur pour manier ces grosses masses de linge, on choisit de préférence les moins âgées, qui sont les épileptiques. Bien souvent, au milieu de leur travail, une de ces malheureuses se lève, pousse cette plainte déchirante qu'on n'oublie jamais quand on l'a entendue une fois, et tombe en proie au mal mystérieux qui la visite. Ces accidents sont si fréquents, qu'on n'y fait guère attention, et qu'ils semblent faire partie de la vie usuelle. On prend la malade, on l'étend sur un paquet de linge en l'isolant de la muraille et des meubles pour qu'elle ne se blesse pas pendant les convulsions, on desserre ses vêtements et on la laisse là jusqu'à ce que l'attaque ait pris fin, jusqu'à ce qu'elle soit sortie du sommeil qui suit inévitablement de tels accès.

C'est aussi à la Salpêtrière, dans les vastes terrains qu'on nomme le *marais*, que l'administration a établi le jardin central qui fournit des fleurs aux parterres et aux-préaux de tous les hôpitaux de Paris. Cela peut paraître excessif au premier abord, mais cette attention pour les malades est très judicieuse, très humaine, car rien ne leur fait plus de plaisir que la vue de la verdure et des plantes en floraison. Dans un coin du marais, on a installé au mois d'avril dernier, sous la direction d'un praticien habile, une *génisserie*, étable destinée à recevoir un certain nombre de génisses, sur lesquelles on produit le *cow-pox* dont on se sert pour les vaccinations et les revaccinations. Les résultats obtenus ont été excellents, et ils engageront sans doute l'administration à conserver, à augmenter, à faire fructifier cette précieuse fabrique de vaccin, qui, dans les cas d'épidémie, peut devenir une ressource inappréciable pour la population parisienne.

A la Salpêtrière et à Bicêtre, on peut se rendre compte facilement du système de retraite que l'assistance publique met en œuvre pour ses vieux employés. Après trente ans de service et soixante ans d'âge, elle leur accorde, suivant l'importance des fonctions qu'ils ont exercées, une pension qui varie pour les hommes entre 400 et 250 francs, pour les femmes entre 350 et 200 francs. Une telle somme est fort minime et à peu près insuffisante pour répondre aux besoins de la vie la plus modeste. Aussi à cette retraite plusieurs anciens employés préfèrent-ils *le repos*. Pour être admis au titre de reposant ou de reposante, il faut remplir les conditions d'âge et de service exigées pour la pension ; selon qu'on a fait partie des employés de première, de seconde ou de troisième classe, on obtient dans un des hospices de la vieillesse une chambre et un cabinet, une chambre isolée, un lit dans un dortoir commun. On reçoit la nourriture, les vêtements, une certaine quantité de bois et de chandelles, et les soins gratuits lorsque l'on est malade. En outre il est accordé à chaque reposant, suivant la catégorie à laquelle il appartient, un secours annuel de 72 francs pour la première classe, de 50 francs pour la seconde, de 30 francs pour la troisième ; cette indemnité s'augmente de 3 francs par année de service dépassant le chiffre réglementaire de trente ans. A la Salpêtrière ainsi qu'à Bicêtre, un bâtiment est réservé aux personnes en *repos*, qui vivent entre elles comme les petits bourgeois d'une bourgade de province. Les hommes qui savent quelque métier en tirent parti pour accroître leur bien-être, les femmes tricotent et parfois se réunissent le soir pour faire une partie de nain jaune ou de biribi. L'impulsion donnée aux services multiples de la Salpêtrière est à la fois très douce et très uniforme. Les améliorations opérées dans les aménagements sont à l'abri de tout reproche, celles qui restent encore à faire dans diverses constructions trop vieilles, et dont il a fallu tirer parti, viendront successivement, au fur et à mesure des facilités que le budget de l'assistance pourra offrir. Dans un avenir prochain, les anciens dortoirs auront disparu, et les dispositions intérieures de l'hospice répondront au progrès que notre système hospitalier a su accomplir depuis 1849 ; mais, à moins de tout bouleverser de fond en comble, on ne pourra jamais donner à l'établissement entier une apparence régulière et monumentale. Construits sans plan déterminé, selon les besoins qui s'imposaient, au hasard de l'emplacement qu'on trouvait libre, les différents édifices ont été répandus çà et là d'une façon tout arbitraire. Seul le bâtiment qui fait face à l'entrée semble être le résultat d'une conception définie ; c'est celui où s'ouvre la chapelle, dont il faut parler, car elle joue un très grand rôle dans l'existence des pensionnaires de l'hospice.

Elle est formée d'une rotonde à laquelle huit nefs aboutissent ; la direction a fort habilement profité de cette disposition pour isoler les unes des autres toutes les catégories de pensionnaires lorsqu'on les conduit à la messe. Les indigentes sont placées dans une travée, les épileptiques dans une autre, les idiotes dans une troisième, et ainsi de suite. Le personnel ecclésiastique est nombreux, les cérémonies sont très pompeuses, l'encens brûle à profusion, et les chants de l'orgue montent sous les voûtes sonores. Un personnage impassible et digne assiste aux services religieux avec une solennité peu commune ; c'est le suisse, qui n'est autre qu'un vieux bonhomme emprunté à Bicêtre. On le revêt, pour la circonstance, d'un uniforme galonné sur toutes les coutures, on le coiffe d'un chapeau à trois cornes, on lui applique des épaulettes en or, on lui passe autour du corps un large baudrier rouge passementé, et on lui met entre les mains une canne de tambour-major. Jamais général fantastique dans les bamboches des petits théâtres ne fut plus sérieux et plus comique. Il se sent admiré, se redresse, et fait valoir sa haute taille. Pénétré de l'importance de sa mission, il ne sourcille pas, et il ne laisse même pas tomber un regard sur les pauvres vieilles qui le contemplent avec ravissement lorsqu'il passe auprès d'elles dans ses splendeurs et sa sérénité. Parfois, souvent même, on fait des sermons aux femmes de la Salpêtrière. J'en ai écouté, et j'ai été surpris d'entendre qu'on leur parlait de l'enfer ; de peines éternelles et d'un Dieu vengeur. A quoi bon ces évocations redoutables ? Est-ce dans un tel lieu, dans la maison ouverte à la vieillesse, à la maladie, à l'infirmité incurable, qu'il faut faire gronder des paroles de menace et d'épouvantement ?

On semble n'avoir pas compris que la peur du diable est le contraire de l'amour de Dieu, et il est à craindre qu'on ne trouble beaucoup ces faibles têtes avec des pratiques religieuses exagérées. Les indigentes sont divisées en neuf congrégations qui sont la congrégation du Saint-Sacrement, du Sacré-Cœur, de la Sainte-Vierge, de Sainte-Geneviève, de Saint-Vincent de Paul, du Rosaire-Vivant, de la Sainte-Enfance, de la Propagation de la foi et des Ames du purgatoire. Ce choix est fort habile, surtout en ce qui concerne les trois dernières congrégations. C'est un grand honneur, fort recherché, d'appartenir à ces sortes de confréries ; on n'y est pas toujours admis d'emblée. Récemment on a dû consulter le suffrage universel et faire un véritable plébiscite pour savoir si une pensionnaire désignée était digne d'être reçue membre d'une des congrégations. On peut juger quel remue-ménage dans tout l'hospice, et combien ces procédés, puérils en eux-mêmes, cruels pour la malheureuse qui en est l'objet, sont de nature à détruire le calme dont ces misérables ont avant tout besoin. Au jour de la Fête-Dieu, après la messe, nous avons vu défiler toutes ces congrégations, distinguées les unes des autres par des cordons de différentes couleurs portés en sautoir et par des bannières d'une extrême richesse, que ces malheureuses ont payées de leur pauvre argent. Il est difficile de voir passer la congrégation de la Sainte-Vierge sans réprimer un sourire. Quoi ! l'immaculée par excellence, le type de toute chasteté, celle dont la pureté miraculeuse déjoua les lois inéluctables de la nature, est symbolisée par des vieilles femmes qui pour la plupart sont arrivées à la caducité à travers tous les désordres de la vie ! Il y a là de quoi surprendre, et, pour la Salpêtrière, la congrégation de la Vierge devrait faire place à celle de sainte Madeleine ou de sainte Pélagie.

Ces cérémonies sont bonnes en elles-mêmes ; elles ont un grand éclat et occupent les esprits des pensionnaires, pour qui elles sont une distraction d'un ordre élevé. Lorsque l'aumônier revêtu d'un costume éblouissant, abrité sous le dais, tenant entre ses mains l'ostensoir d'or, passe dans les jardins, les cours et les promenades, précédé par la musique d'un régiment, escorté de ses assesseurs en vêtement de gala, suivi du suisse plus doré que jamais, accompagné par toutes les femmes valides de l'hospice marchant sous leur bannière respective, — lorsqu'au bruit des fanfares mêlés aux chants religieux, au milieu des fumées de l'encens et des fleurs que jettent les petites idiotes habillées de blanc pour figurer des anges, il s'arrête aux reposoirs préparés, élève l'hostie et donne la bénédiction à la foule, certes le spectacle ne manque pas de grandeur. On aurait tort de le supprimer, ou même de l'amoindrir ; mais pourquoi faire des quêtes à chaque messe ? Ce n'est pas sans éprouver une impression très pénible qu'on voit ces pauvres vieilles, réduites presque toutes à des extrémités sans nom, tirer de leur poche leur dernier sou et le mettre en souriant d'une façon contrainte dans la bourse qu'on leur présente. Les frais du culte prélèvent ainsi environ 80 francs par mois sur la pauvreté. C'est trop, beaucoup trop, et l'administration de l'assistance publique, en augmentant le budget de la chapelle de la Salpêtrière, devrait une fois pour toutes racheter ces quêtes et y mettre fin.

Ce n'est pas tout. Les quêtes publiques, les congrégations officielles, n'ont point suffi au zèle des pensionnaires de la Salpêtrière, ou de ceux qui les dirigent. Il existe parmi elles une société religieuse secrète dont les membres sont nommés les *zélatrices*. Il y en a environ 1,500 qui donnent 15 centimes par mois ; d'autres, moins dénuées, ou plus excitables, versent 5 francs et même 10 francs chaque mois. Cet argent est employé à faire dire des messes et à acheter des livres de piété qui sont ensuite revendus aux initiés. Parmi ces livres, qui presque tous ne sont que des opuscules sans valeur, nous citerons le *Manuel du Rosaire vivant, les Annales de la Propagation de la foi*, les *Annales de la Sainte-Enfance*. On fait des lectures pieuses aux malades. Le secret de l'association est bien gardé ; le but mystérieux qu'elle poursuit n'a pas encore été nettement défini, et, lorsqu'on interroge une des *zélatrices*, elle se renferme dans un mutisme absolu. Les pensionnaires sont fort agitées par toutes les ambitions, toutes les envies, que réveille en elles le désir d'appartenir à ces différentes catégories religieuses. Au lieu de garder leur argent pour payer leur café au fait ou s'acheter quelque bon fichu de tricot pour l'hiver, elles le consacrent à des œuvres inutiles et troublantes. Sous ce rapport, la Salpêtrière offre un exemple qui renverse toutes les idées admises : on croit ordinairement que la religion doit donner de l'argent à la misère ; là, c'est le contraire qui se produit, et la misère donne son épargne à la religion.

En visitant ce grand établissement, ces vastes cours, cet immense jardin potager, en parcourant le large espace où sont dispersés les bâtiments qui datent de Louis XIV et ceux qu'on a récemment élevés, dont les noms disent les fondateurs, tels que Mazarin, Lassay, Fouquet, Bellièvre, Pastoret, Esquirol, Rambuteau, il est difficile de ne pas penser qu'un si ample terrain devrait recevoir une autre destination, et que la Salpêtrière, comme Sainte-Périne, comme les Petits-Ménages, comme les Incurables, devrait être rejetée hors des fortifications. Certes il est indispensable que Paris offre à sa population malade ou blessée un refuge transitoire dans des infirmeries ou des hôpitaux ; mais toute maison hospitalière qui a un caractère exclusif de permanence, qui est un asile définitif, qui abrite pour toujours la vieillesse et les infirmités, doit être reportée au loin, à la campagne. On avait pu croire un instant que les 31 hectares de la Salpêtrière, situés à proximité de la Seine, qui amène les crus de Bourgogne à la porte de la gare du chemin de fer d'Orléans, facilement reliés à l'aide du pont Napoléon au chemin de fer de Lyon, par qui arrivent les vins du midi, verraient s'élever le nouvel entrepôt des liquides. On n'a pas voulu déranger les habitudes traditionnelles, et Bercy tout entier est destiné à devenir l'entrepôt. Est-ce à dire que la Salpêtrière doit être immobilisée dans la destination actuelle et rester éternellement l'hospice des vieilles femmes ? Nous ne le croyons pas.

Notre École de médecine est manifestement insuffisante et trop étroite aujourd'hui : elle s'ouvre au milieu d'un quartier resserré, coupé de ruelles qui n'offrent que des débouchés dérisoires ; en outre l'École pratique de médecine, établie tant bien que mal dans l'ancien couvent des cordeliers, est forcément pour la population environnante un foyer d'infection qui, pendant l'été surtout, devient parfois insupportable. Les pavillons d'anatomie, pleins de cadavres en décomposition, versent la peste autour d'eux. Il serait digne de la France, qui paraît commencer enfin à se préoccuper sérieusement de l'enseignement supérieur, de la nation qui a compté parmi ses gloires un corps médical unique au monde, de donner aux écoles théorique et pratique de médecine une ampleur réclamée depuis longtemps. Si jamais l'on se décidait à mettre ces deux établissements en rapport avec notre civilisation, nul emplacement ne serait plus favorable que celui de la Salpêtrière ; là, on pourrait bâtir, à côté des salles réservées aux cours des professeurs, des pavillons de dissection, un musée pathologique, une bibliothèque, un hôpital clinique, une école de pharmacie, centraliser en un mot dans une vaste institution tout l'enseignement scientifique auquel le voisinage du Jardin des Plantes et des précieuses collections qu'il contient donnerait un caractère général vraiment imposant. Un tel projet ne rencontrerait certainement aucune opposition chez les intéressés ; l'assistance publique, la ville de Paris, les ministères compétents, y donneraient volontiers les mains, et cependant on peut affirmer qu'il ne se réalisera point, car il exigerait une dépense dont nul budget ne consentira sans doute à accepter la responsabilité.

ISBN : 978-1720669425

www.ingramcontent.com/pod-product-compliance
Lightning Source LLC
Chambersburg PA
CBHW050052260726
48658CB00005B/1917